ERNST WALDEMAR BAUER
Wunderwelt der Höhlen

Auflösung durch kohlendioxidhaltiges Wasser, Nachbruch von der Decke, Ausräumung durch einen Höhlenfluss schafft gewaltige Hohlräume. Die Scărişoarahöhle in den Westkarpaten ist ein Beispiel dafür.

ERNST WALDEMAR BAUER

Wunderwelt der Höhlen

Bechtle

Inhalt

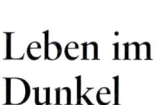

Vorwort

Höhlenforschung ist Freude am Entdecken, am Neuen, am Unbekannten. Wer einmal davon erfasst ist, wird sein Leben lang nicht mehr davon lassen können. Neben dieser ganz ursprünglichen Leidenschaft gibt es die wissenschaftliche Seite des Phänomens, Höhlenkunde als Speläologie. Sie verfolgt Fragestellungen, die aus unterschiedlichen Wissenschaftsbereichen stammen.

Viele schwierige Höhlensysteme, vor allem Unterwasserhöhlen, können erst erkundet werden, seit die entsprechenden technischen Voraussetzungen gegeben sind. Von der Kleidung bis zum Computer, von der Klettertechnik bis zum U-Boot reicht die Spannweite der Entwicklung. Trotz aller technischen Hilfsmittel bleiben viele Höhlen hoch motivierten, körperlich und psychisch belastbaren Frauen und Männern vorbehalten. Höhlenforschung birgt Gefahren. Die Arbeit in kilometertiefen Schächten und über 100 Kilometer langen Labyrinthen fordert die menschliche Leistungsfähigkeit bis an ihre Grenzen heraus.

Versuchung der Finsternis

Rabenschwarze Nacht. Kein Licht, die letzte Lampe ist erloschen, der letzte Krümel Karbid verbraucht. Finsternis ringsum. Im Schleifsack stecken noch Taschenlampen und Ersatzbatterien.

»Lass sie stecken«, meint unser Physiker, einer, der immer zu Experimenten aufgelegt ist. »Das schaffen wir auch ohne Licht, die paar hundert Meter bis zum Ausgang. Wir kennen doch den Weg.« – »Und brechen uns die Knochen dabei«, meint Uli, der Pragmatiker, der derlei Experimente überhaupt nicht liebt. Der vierte Mann bleibt ganz ruhig und schlägt die demokratische Lösung vor: »Abstimmung«. Dreimal ohne Licht, einmal mit Licht, der Fall ist klar. Aber überstimmen wollen sie den Zweifler doch nicht und bieten ihm an, seine Lampe auszupacken und voranzugehen. Das will er aber auch nicht.

Also, kein Licht. Der Entschluss verändert die Lage. Wir sitzen im Dunkeln. Die Gedanken gehen voraus. Können wir den Höhlenausgang ohne Licht wirklich erreichen? Wir brauchen zwar keine Hilfe, weil wir uns im Notfall selber helfen könnten. Aber was wäre wenn? Darüber haben wir immer wieder nachgedacht. Jetzt wollen wir es wissen. Wir proben den Ernstfall. Draußen wartet keiner. Kein Notsignal ist vereinbart. Sprechfunk funktioniert nicht so tief im Berg. Das haben wir oft probiert. Gibt es überhaupt eine Chance, uns ohne Licht aus dieser eiskalten Klammer zu befreien?

Tropfen fallen von der Decke und klatschen auf den Stein. Ihr Echo schwingt im Raum. Fledermäuse fliegen zielsicher mit Echoortung. Verfügen wir über eine Spur dieser Fähigkeit? Das Plätschern und Gurgeln des Höhlenbaches übertönt alles. Keine Spur von Richtung ist auszumachen. Nur die Richtung des Wasserlaufs lässt sich ertasten. Das chaotische Geräusch des Bachs begleitet uns. Ein Gluckser im Wasser, schon meint man Stimmen zu hören.

Ein Experiment. Zum Glück wird das Experiment nicht mehr diskutiert. Die Frage nach Verantwortung und Schuld stellt sich nicht. Wir

Kurzer Tauchvorstoß: Badehose, allenfalls Helm, die Kleider im Plastikbeutel. Das musste genügen. Wassertemperatur 9 Grad Celsius!

Rechte Seite: Vorwärts im Bach. Watanzüge aus den Restbeständen der amerikanischen Marines halfen nur bis zur Hüfte.

alle ordnen uns dem Entschluss unter. Doch wie finden wir den Weg? Wir müssen in den Bach, ins fließende Wasser, es weist die Richtung. Doch bald schon stehen wir in einem Stau mit Wirbeln, die Strömungsrichtung ist unsicher. Zum Glück kennen wir die Höhle, eigentlich jeden Stein, jeden Tritt. Einer übernimmt die Führung. Wir werden uns stündlich abwech-

sein. Dieter übernimmt die erste Stunde. Langsam, viel langsamer als gedacht, kommen wi Schritt für Schritt voran.

Der Bach fließt in einer engen Klamm. Wi können nur einen Fuß vor den anderen setzen Im acht Grad kalten Wasser bleiben die Waden schön kühl. Ein Schrei! Ein dumpfer Schlag Dieter ist abgerutscht. Er steht bis zur Brust ir einem Kolkloch, das der Bach bei Hochwasse aus dem Fels gewaschen hat. Solchen Löcherr sind wir auf diesem Abschnitt noch nie begeg net. Sonst, mit Licht klettern wir hoch übe dem Wasser durch die Klamm. »Dieter, hast du dich verletzt?« Die knappe Antwort: »Hab da Schienbein poliert.« – »Blutest du?« – »Kanr ich das wissen? Kein Licht!« Gemeinsam ziehen wir ihn auf einen Felsblock, der zwischen di Wände eingeklemmt ist. Zwar kein sichere Platz, der Block ist lehmverschmiert und glit schig, aber für eine kurze Pause gut genug.

Wie im Krimi. Wir klettern weiter durch di Klamm. Uli übernimmt die Führung. Doch de Weg über dem Wasser ist nicht sicherer. Wi sind ihn zwar oft gegangen, mancher Griff is uns bekannt, aber eben nicht jeder. Die Abstän de zwischen uns werden größer. Ich ertapp mich immer wieder dabei, dass ich nach ober steige, als ob es da oben mehr Sicherheit gäbe Wie im Krimi, bei dem die Verfolgten ihr Hei immer im obersten Stock und auf dem Flach dach suchen. Die Höhle ist nicht höher als dre Meter, aber ich muss mich immer wieder dazu zwingen, zum Bach hinabzusteigen. Mit äußers ter Vorsicht tasten wir uns voran. Die Zeit ver rinnt. Abgestürzte Blöcke sperren den Weg in Wasser. Jetzt müssen wir nach oben, ob wi wollen oder nicht. Endlos lange dauert es, bi der Fuß einen festen Halt gefunden hat, bis di Hände einen sicheren Griff ertasten. Alles dau

ert endlos lang. Sind wir eine halbe Stunde unterwegs oder schon länger als eine Stunde? Haben wir 100 Meter hinter uns oder nur 50? Keiner kann es genau sagen.

Die Kälte des Wassers macht uns zu schaffen. Man meint, das Klappern der Zähne zu hören. Unsere Watanzüge, mit denen die Alliierten die Invasion in der Normandie geschafft hatten, waren wohl zum einmaligen Gebrauch bestimmt. Dicht sind sie schon lange nicht mehr. Sie haben böse Risse. Wasser dringt von allen Seiten ein und würde uns unbeweglich machen, hätten wir nicht längst, knapp über den Sohlen, Löcher in die Stiefel geschnitten. Durch sie rinnt das angewärmte Wasser ab, um neuem, kaltem Wasser Platz zu machen.

Unwirkliches Licht. »Mensch, da ist Licht!« Ausgerechnet der Schlussmann meldet diese Sensation. Angestrengt schauen wir rundum. Auch ich sehe immer wieder einen rötlichen Schein, dem ein grüner Schimmer folgt. »Das kann kein Licht sein. Wir sind noch viel zu weit vom Ausgang entfernt.« – »Oder sind da Leute?« Wir brüllen aus vollem Hals, um uns bemerkbar zu machen, aber da ist keiner. Der rötliche Schimmer kommt immer wieder. Der dritte Mann, unser Biologe, weiß es besser: »Eure Augen machen das Licht. Eure unbeschäftigte Netzhaut liefert bei jeder Druckänderung Erregungen. Im Gehirn wird alles, was von der Netzhaut kommt, als Seheindruck verarbeitet. Wenn ihr Sternchen sehen wollt, genügt ein harter Schlag aufs Auge.«

Sicherer macht uns dieses unwirkliche Licht nicht, weil es manchmal dem Rhythmus des Pulsschlags folgt. Der Wunsch, so schnell wie möglich das wahre Licht und den Ausgang zu erreichen, wird stärker. Walter hat die Führung

übernommen. Er erreicht als Erster eine entscheidende Wegmarke, einen mächtigen Tropfstein, auf den das Wasser von der Decke fällt. Bläulich und bräunlich ist er, das wissen wir. Die feinen Wellen und Kanten machen seine Oberfläche rau. Das spüren wir deutlich, noch 200 Meter liegen vor uns. Das Rauschen des Bachs geht in dumpfes Gurgeln über. Das Wasser verschwindet in einem Schluckloch. Der Gang wird niedrig und zwingt uns in die Knie. Wir quälen uns durch zähen Schlamm. Endlich ein heller Schimmer. Farbiges Licht aus dem Herbstwald vor dem Höhlentor.

Drei Stunden haben wir für rund 400 Meter gebraucht. Für eine Strecke, die wir normalerweise in 35 bis 40 Minuten zurücklegen. Wir sind um eine Erfahrung reicher. Verdreckt und unterkühlt hat uns die helle, warme Welt, unsere Welt wieder. Sagt doch schon eine alte Höhlengängerweisheit: Schön ist es, in eine Höhle zu gehen, aber noch viel schöner, wieder herauszukommen.

Das alles war vor 45 Jahren. Aus den jungen Höhlenforschern, die damals mit mir durchs Dunkel tappten, sind erfolgreiche Wissenschaftler geworden, Botaniker, Mediziner und Physiker. Einer schreibt mir ab und zu, wenn er aus Chicago nach Deutschland kommt. Wenn er hier ist, zieht es auch ihn in seine Höhle, in unsere Höhle.

Die Falkensteiner Höhle war für uns damals die große Herausforderung. Neugierig waren wir, vor allem wollten wir die Grenzen unserer Leistungsfähigkeit erproben. Das große Neuland lockte uns, das noch nie von einem Menschen betretene Land. Am Abend saßen wir unter dem Höhlendach ums Feuer, dachten über Gott und die Welt nach, sangen Lieder zur Klampfe Dies mag aus heutiger Sicht romantisch und weltfern erscheinen. Sicher war bei mir auch Trauer dabei über die verlorenen Freunde, mit denen ich noch Anfang des Krieges in die Höhle zog. Wir waren damals sechs junge Burschen, eigentlich noch Kinder. Fünf sind nicht zurückgekommen.

Die Sehnsucht Unbekanntes zu entdecken, der Kolumbusinstinkt, der uns Menschen auf die Suche nach Neuem drängt, nach des Rätsels Lösung, bewegt uns immer noch.

Höhlenmenschen

Rekord. Am 24. Juni 1969 steigt Milutin Veljkovic aus Belgrad in die Samarhöhle in Ostserbien. Am 24. Juni 1970, 20 Minuten nach 11 Uhr, also genau ein Jahr später, spricht der freiwillige Höhlenbewohner zum ersten Mal mit seinen Betreuern an der Erdoberfläche. Nur einmal wird ihm während der langen Zeit eine Nachricht von der Außenwelt vermittelt: die Landung der ersten Menschen auf dem Mond. Ein volles Jahr lebt und experimentiert er in der Höhle und wickelt ein Arbeitsprogramm ab, das ihm Biologen und Speläologen gestellt haben. Auch Tiere sind mit ihm in der Höhle, ein Hund und eine Katze, einige Hühner und kanadische Enten. Sie kommen mit der ungewohnten Umwelt besser zurecht, als man erwartet hat. Die Hühner brüten und vermehren sich. Die Küken bleiben allerdings viel länger bei der Glucke. Über Fliegen beklagt sich der Höhlenmensch. Offenbar haben die Insekten mit der Feuchtigkeit, der niedrigen Temperatur und der Finsternis kaum Probleme. Nahrung für sie gibt es genug, denn die Früchte und das Gemüse, die in die Höhle geliefert werden, faulen und schimmeln schnell.

Nach einem Gespräch mit den Berichterstattern der Belgrader Abendzeitung »Vecernje Novosti« wird die Sprechverbindung wieder eingestellt. Der ausdauernde Höhlenforscher zieht sich in seine finstere Unterwelt zurück. Erst im September 1970 beendet er den Versuch.

Was wollte der Mann in der Höhle? Gehört er in die Reihe der Weltrekordhalter im Kanaldeckelsitzen, Dauerduschen und Dauertanzen? Zweifellos gibt es eine Reihe interessanter Fragen, die nur durch seinen persönlichen Einsatz gelöst werden konnten. Die allgemeinste Frage, die ein Daueraufenthalt in einer Höhle klären kann, ist die nach der Anpassungsfähigkeit, nach der Leistungsfähigkeit, ja, wenn man so will, der Leidensfähigkeit des Menschen. Es ist immer wieder erstaunlich, welche Belastungen und Entbehrungen ein Mensch auf sich zu nehmen vermag. Am Ende gilt vielleicht doch das alte russische Gebet, in dem es heißt: »Herr, be-

Linke Seite: Australiens Ureinwohner, die Aborigines, malen auf die geschützten Wände unter den Felsdächern magische Bilder von Pflanzen, Tieren und Menschen. Ubirr, Kakadu Nationalpark, Nordaustralien.

wahre uns vor dem, was ein Mensch aushalten kann.«

Die innere Uhr. Bei allen Langzeitversuchen zeigte sich, dass das Zeitgefühl schon nach wenigen Tagen gestört ist, weil der Wechsel von Tag und Nacht fehlt und keine Temperaturänderung, auch nicht die gewohnten Geräusche den normalen Zeitrhythmus steuern. Bei den meisten Menschen vergeht unter diesen Umständen der Tag zu rasch, denn die innere Uhr geht vor. Sie verfallen in einen schneller aufeinander folgenden Wechsel von Wachen und Schlafen. Ihr persönlicher Tag dauert nur noch 22 bis 23 Stunden. Ihre innere Uhr läuft nach einem eigenen, von Mensch zu Mensch verschiedenen und offenbar erblichen Rhythmus, der vom planetarischen Tag abweicht. Der Arbeitstakt des Herzens, des Darms und der Niere ändert sich. Die Aktivität der inneren Organe lässt sich mit feinen Messmethoden direkt kontrollieren. Auf die Haut aufgeklebte Elektroden und Minisender melden den Blutdruck, die Schlagfrequenz des Herzens, die Zahl der Atemzüge und die Temperatur verschiedener Hautbezirke an einen Computer.

Ruhetag. Auch bei wochenlang dauernden, groß angelegten Expeditionen in die Riesenhöhlen der Alpen, des Kaukasus, der Pyrenäen oder die Höhlen in Kentucky und New Mexico weicht das Zeitgefühl der Höhlengänger erheblich vom normalen Tagesverlauf ab. Je länger ein Vorstoß dauert, umso deutlicher werden auch die individuellen Unterschiede zwischen den einzelnen Teilnehmern. Erfahrene Höhlenforschungsgruppen sind deshalb dazu übergegangen, von Zeit zu Zeit einen Ruhetag einzulegen, um auszuruhen, aber auch, um den Aktivitätsrhythmus der Teilnehmer aufeinander abzustimmen. Doch in einer Höhle kann

man nicht einfach Pause machen und sich hinlegen. Wer ist schon in der Lage, sich in nassen, lehmverschmierten Kleidern, bei einer Höhlentemperatur von fünf Grad Celsius und einer Luftfeuchtigkeit von 90 Prozent auszuruhen? Man muss auch Ruhetage gut planen.

Die großen Höhlen können überhaupt nur weiter erforscht werden, wenn im Inneren der Höhlen regelrechte Biwakplätze im Abstand von Tagesstrecken eingerichtet werden. Dort stehen dann möglichst an einem großen, windstillen Ort und in der Nähe einer Wasserstelle Zelte oder Biwakschachteln, die in mühseligen Vorexpeditionen angeschleppt und zusammengebaut wurden. Da finden die Frauen und Männer nach den Strapazen der Neuerkundung und Vermessung ein Stück gewohnter Menschenwelt vor, ein Dach über dem Kopf, einen molligen Schlafsack auf weicher Unterlage, einen summenden Teekessel und je nach Vorliebe ausgewählte, schmackhafte Konserven: Ravioli, Bratheringe, Sauerkraut, Schinkenwurst, Essiggurken, Rettiche, frisches Obst und viel Tee, süßen, heißen Tee.

Konzentrierte Nahrung, Schokolade, Knäckebrot und Traubenzucker, mögen gut sein für eine kurze und schnelle Unternehmung, vor allem wenn es darauf ankommt, das Gepäck so klein wie möglich zu halten. Je länger aber eine Expedition dauert, umso wichtiger ist es, möglichst angenehme Ruhepunkte zu schaffen. Das gelingt aber nur, wenn man kräftige Anleihen bei der gewohnten Welt auf der Erdoberfläche macht.

Lehmverschmierte, durchnässte, hungrige und müde Höhlenforscher sind zwar in der Lage, sich tagelang voranzukämpfen. Ihre Fähigkeit aber, einwandfreie Messreihen zu liefern und sauber zu beobachten, nimmt mit steigender Unlust ab. Offenbar sind wir keine Höhlenmenschen mehr wie unsere Vorfahren.

Aber waren die Menschen der Steinzeit wirklich die ungewaschenen, Keulen schwingenden Wesen, die ohne ihre Höhlen nicht sein konnten?

Die Spur der Eiszeitjäger. In vielen Höhlen hat man Zeugnisse urzeitlicher Menschen gefunden. In Südfrankreich und Spanien entdeckte man menschliche Fußspuren über 100 Meter vom Höhleneingang entfernt. Spuren nackter Füße im weichen Lehm, im Laufe der Zeit mit einer dünnen Sinterschicht überzogen, versteinert und bis in die Linienmuster des Ballens und der Zehen erhalten. In der Höhle von Pêche-Merle in Südfrankreich sieht man die erhärteten Fußspuren einer Frau, die einst zusammen mit einem Kind ein flaches Wasserbecken durchquerte. Am hohen Alter der Spuren besteht kein Zweifel, denn erst 1950 wurde der Raum entdeckt. Das ehemalige Wasserbecken war längst trocken, der Tonschlamm erstarrt und die Umrandung der Fußstapfen völlig versteinert. Ungefähr 10 000 Jahre alt ist die Spur. Sie stammt aus der Jüngeren Altsteinzeit.

Doch nicht nur die Abdrücke ihrer Füße haben uns die vorgeschichtlichen Menschen hinterlassen, auch ihre Hände kennt man, als Negativbilder. Sie legten die Handflächen mit gespreizten Fingern auf die Höhlenwand und bliesen Farbe darüber, Schwarz und Rotbraun.

Es gibt keine Unterschiede zwischen den Fuß- und Handabdrücken jener frühen Menschen und uns. Sie waren unsere unmittelbaren Vorfahren. Dagegen sind die Fußspuren, die 1950 in der Grotte delle Streghe in Italien gefunden wurden, deutlich größer und plumper. Nean-

dertaler Menschen haben diese Höhle schon vor mehr als 70 000 Jahren besucht.

Der Urmensch aus dem Neandertal. Erste Überreste dieser Menschen fand man in einer Höhle am Steilhang des Neandertals, eines Felsentals bei Düsseldorf. Seinen Namen hat dieser Talabschnitt der Düssel von einem frommen Mann, Joachim Neander. Er zog sich häufig in die Abgeschiedenheit dieses zu seiner Zeit noch ruhigen Tals zurück, der Choral »Großer Gott wir loben dich …« stammt von ihm.

Die Entdeckung im August 1856 war eine Sensation. Damals erreichten die Steinbrucharbeiten die Felsen mit der Kleinen Feldhofer Grotte. Ihr niedriger Eingang lag auf halber Höhe des 50 Meter hohen Talhangs. Die Arbeiter erweiterten zuerst den Eingang und räumten dann mit Spitzhacke und Schaufel die zwei Meter dicken Lehm- und Schuttlagen aus der Höhle. Ungefähr 60 Zentimeter unter der Bodenoberfläche stießen sie auf merkwürdige Knochen, die sie zunächst für die Reste eines Höhlenbären hielten. Der Gymnasialprofessor Dr. Carl Fuhlrott aus Elberfeld, dem man das Schädeldach, die beiden Oberarmknochen, Elle und Speiche, Schlüsselbein, Oberschenkelknochen und die Bruchstücke einiger anderer Skelettteile zeigte, erkannte in ihnen die Überreste eines »sintflutlichen Menschenwesens, einer primitiven, wilden Urrasse«. Ihre Reste waren offenbar in den Lehmablagerungen der Grotte aus grauer Vorzeit erhalten geblieben.

Englische Naturforscher und Ärzte gaben Carl Fuhlrott Recht, nur in Deutschland war man lange Zeit nicht bereit, seine Deutung gelten zu lassen. Der berühmte Berliner Anatom Rudolf Virchow hielt die massigen Knochen, vor allem das flache Schädeldach mit der schmalen, fliehenden Stirn, für »die Überreste einer durch Verletzungen und Krankheit geprüften Persönlichkeit«. Erst als man, 24 Jahre nach dem Tod von Fuhlrott, unter dem Portal einer belgischen Höhle erneut Knochen desselben Typs zusammen mit den Resten ausgestorbener Eiszeittiere fand, war nicht mehr daran zu zweifeln, dass sich in manchen Höhlen die Überreste einer Urmenschenart aus der Eiszeit bis in unsere Tage erhalten hatten. Auch Virchow näherte sich später dieser Ansicht.

Heute weiß man, dass die Knochen des »Neandertalers« vor 44 000 Jahren in der Höhle bestattet wurden. Inzwischen gelang es zwei jungen Wissenschaftlern, den verschollenen Ausgrabungsort wiederzufinden. Sie konnten Werkzeuge, Teile eines zweiten Skeletts und weitere Knochen des ersten Skeletts bergen.

Das Wunder von Altamira. Nicht nur Knochenreste und Steinwerkzeuge haben die Zeiten überdauert, sondern auch herrliche Bilder an den Höhlenwänden. Doch einmal mehr wollte die gebildete Welt das hohe Alter der Entdeckungen nicht wahrhaben. Don Marcelino de Sautoula, der Besitzer des Landes und der »Bilderhöhle« von Altamira in der Provinz Santander in Nordspanien, teilte das Schicksal von Carl Fuhlrott.

Bei einer Fuchsjagd im Jahre 1868 wurde die Bilderhöhle von Altamira entdeckt. Ein Hund hatte den flüchtigen Fuchs bis in den Bau hinein verfolgt und war nicht zurückgekommen. Ein Jäger hörte den Hund in der Tiefe winseln und grub nach. Er befreite das Tier und entdeckte dabei eine Höhle. Er unterrichtete Don Marcelino davon, doch der zeigte kein großes Interesse, schließlich war er Landwirt, und Höhlen sind für die Landwirtschaft eher störend.

Zehn Jahre später jedoch, als Don Marcelino von einem Besuch der Weltausstellung in Paris zurückkam, änderte sich sein Verhältnis zu »seiner« Höhle grundlegend. In Paris hatte er nämlich Feuerstein- und Knochenwerkzeuge gesehen, die von Ausgrabungen in südfranzösischen Höhlen stammten. Besonders die feinen Tiergravierungen auf einigen Knochen hatten es ihm angetan. Nun hoffte er, auch in seiner Höhle ähnliche Schätze zu finden.

Im November 1879 begann er zu graben. Schon nach wenigen Tagen stieß er auf Feuerstein-Werkzeuge und Knochengeräte, die ihren Vorbildern aus Frankreich glichen. Kaum ein Tag verging, an dem er nicht in die Höhle hinabstieg, um dort zu schürfen. Immer neue

Werkzeuge, Harpunen, Pfeilspitzen und bearbeitete Knochen kamen zum Vorschein.

Rauschender Jubel. Die aufregendste Entdeckung machte jedoch seine fünfjährige Tochter Maria. Während der Vater am Höhlenboden gebückt im Schein der Fackel den Schutt nach Resten der Eiszeitjäger durchmusterte, streifte sie durch die niedrigen Gänge der Höhle, spielte und untersuchte Wände und Decke. Im Fackelschein sah sie schattenhafte Gestalten über die Felswände huschen: Menschen, Tiere, Fabelwesen aus einer phantastischen Welt. Vergängliche Schatten? Im Licht der Fackel erstarrten sie: Büffel und Pferde, Rentiere, Hirsche und Wildschweine in leuchtend roten und gelben Farben.

Die Höhle von Lascaux ist für ihre großartigen Tierbilder berühmt. Zwischen 15 000 und 18 000 Jahre alt sind diese Höhlenmalereien aus der Altsteinzeit. Lascaux Facsimile, Dordogne.

**Ein Stierkopf auf hellem Grund.
Im flackernden Schein der Fackel
scheint sich das Tier zu bewegen,
das Auge zu leuchten.**

Eine Sensation. Wie gebannt blickte auch Don Marcelino auf die farbigen Tierbilder an der Höhlendecke, auf die Jagdtiere der Eiszeitmenschen. Das mussten uralte Gemälde sein! Jäger, davon war er überzeugt, hatten sie offenbar vor langer Zeit auf den Fels gemalt. Professor Vilanova, ein angesehener Geologe an der Universität Madrid, bestätigte das hohe Alter der Malereien. Aus aller Welt kamen Menschen, um das Wunder von Altamira zu sehen. Selbst König Alfonso XII. von Spanien beehrte die Höhle mit seinem Besuch.

Doch auf den rauschenden Jubel über die großartige Entdeckung folgte lähmende Stille. Der Kongress für Anthropologie und Prähistorische Archäologie von 1880 in Lissabon, dem die führenden Wissenschaftler aller Länder, unter anderem auch Rudolf Virchow aus Berlin, angehörten, weigerte sich, das hohe Alter der Bilder anzuerkennen. Ohne sie sich überhaupt erst anzuschauen, bezeichnete man sie als einen groß angelegten Schwindel, nur unternommen, um leichtgläubige Wissenschaftler erneut aufs Glatteis zu führen und zu blamieren. Tatsächlich gab es an anderer Stelle immer wieder gelungene Fälschungsversuche, die nur mit kriminalistischen Methoden als Fälschung entlarvt werden konnten. Es ist offenbar einfach zu schön, überheblicher Weisheit eine Nase zu drehen.

Ein Punkt in der Kritik an Altamira ist besonders interessant: Man empfand die Bilder als

viel zu modern und künstlerisch viel zu ausgereift, um sie einem »primitiven Steinzeitmenschen«, so es ihn überhaupt je gegeben haben sollte, zuzutrauen. Andersdenkende wurden mundtot gemacht.

Höhlenbilder in Südfrankreich. Jahrelang wagte niemand einen Widerspruch gegen das vernichtende Urteil von Lissabon. Dabei wurden inzwischen Gravierungen und Wandgemälde in südfranzösischen Höhlen gefunden, die seit der Eiszeit ganz sicher von keinem Menschen mehr betreten worden waren. Bilder, die zum Teil von Tropfsteinen überzogen waren, entdeckte man. In einer Höhle im Departement Gironde fand man an der Höhlenwand zwölf Darstellungen von Pferden und Büffeln. Sogar unter

dem eiszeitlichen Höhlenschutt kamen solche Bilder zum Vorschein.

In der Höhle La Mouthe in der Dordogne entdeckten Höhlenforscher 90 Meter vom Eingang die ersten Bilder. Dort ist es stockdunkel. Die Antwort auf die Frage, wie denn die eiszeitlichen Künstler den Raum beleuchtet haben könnten, beantwortete ein Fund in der Höhle selbst: eine schön geformte Lampe mit der Gravierung eines Steinbocks. Inzwischen kennt man aus vielen Höhlen zahlreiche Fettlampen dieser Art. Die meisten wurden aus napfartigen Steinen geformt und hatten einen Docht aus Moos.

Besonders erfolgreich war Abbé Henri Breuil bei seinen Forschungen im Tal der Vézère,

Wilde Pferde waren eine begehrte Jagdbeute der steinzeitlichen Jäger.

Die Schlösser an der Vézère wie Château Losse liegen nicht selten über Höhlen und Felsdächern, die seit der Steinzeit immer wieder bewohnt waren.

Rechte Seite: Im Sonnenlicht glänzen eine rätselhafte Tiergestalt und ein runder Fleck auf einer Felsplatte. Buschmänner, die jahrtausendelang in diesem Gebiet jagten, haben dieses »Fabeltier« hinterlassen. Steht der runde Fleck für Wasser oder für Sonne? Bedeutet die lang gezogene Schnauze Durst?

ebenfalls in der Dordogne. In der Höhle Les Combarelles fanden er und seine zwei Begleiter, 120 Meter vom Eingang entfernt, über 300 Felsgravierungen: Büffel, Wildpferde, Hirsche, Rentiere, Mammute, Bären, Löwen, Füchse und, das war die größte Überraschung, dazwischen sogar menschliche Gestalten. Die Gravierungen in dieser Höhle sind im Vergleich zu allen anderen, mit nur 10 bis 30 Zentimetern Höhe, auffallend klein. Das hängt wohl damit zusammen, dass der Höhlengang selbst sehr niedrig ist.

Sinneswandel. Unter dem Eindruck derart umfangreicher und eindeutiger Belege begann sich auch der Sinn der einflussreichen Wissenschaftler zu wandeln. 21 Jahre nach dem schlimmen

Urteil von Lissabon fuhr der französische Professor Cartailhac, der damals über die Malerei von Altamira am heftigsten gespottet hatte, zu Donna Maria de Sautoula, der Tochter Don Marcelinos, um sich zu entschuldigen. Abbé Breuil, sein Schüler und Mitarbeiter, inzwischen ein hervorragender Kenner der eiszeitlichen Kunst, begleitete ihn auf diesem Gang. Erschüttert standen sie unter den Bildern der Höhle von Altamira. Ihre Begeisterung für diese »schönste, großartigste und interessanteste Höhle von allen bemalten Höhlen«, wie sie einräumten, kannte keine Grenzen. Für Don Marcelino allerdings kam diese Ehrenrettung zu spät, so wie Jahre zuvor für Carl Fuhlrott. Donna Maria, die eigentliche Entdeckerin aber erlebte sich noch und war dankbar dafür.

Inzwischen kennt man aus Europa mehr als 120 Höhlen mit Tausenden eiszeitlicher Ritzzeichnungen und Malereien. Weitaus die meisten liegen im Kantabrischen Gebirge in Nordspanien und im gebirgigen Südfrankreich, an der französischen Mittelmeerküste, in den nördlichen und westlichen Pyrenäen, in der Dordogne, im Vézère-Tal und im westlichen Zentralmassiv.

Italien meldet Höhlenmalereien vom Monte Gargano, dem Sporn des italienischen Stiefels, außerdem von Addaura in Sizilien und Levanzo, einer Insel vor der sizilianischen Küste. In jüngerer Zeit wurden auch in der Kapova-Höhle im Südural, 150 Meter vom Eingang entfernt, Wandzeichnungen von Mammut und Höhlenbären festgestellt.

In Südamerika entdeckte man ebenfalls Höhlen mit Malereien aus der Vor-Inkazeit. Auf der Osterinsel, um noch ein Beispiel zu nennen, stammen Höhlenbilder aus den letzten Jahrhunderten. Weltberühmt sind die nicht selten mehrfarbigen Gemälde und Punzungen der Buschmänner im südlichen Afrika. Die Darstellungen der Ndedema-Schlucht erzählen gewissermaßen die Geschichte und den tragischen Untergang des Buschmannvolks. In der Einsamkeit der Namib liegen Tausende von Bildern im schützenden Schatten kleiner Höhlen, aber auch auf Felsplatten im gleißenden Licht der Wüstensonne.

Die Höhle des Zauberers. Erstaunlich, wie weit die eiszeitlichen Menschen in das Innere der Höhlen vorgedrungen sind. In der Höhle von Niaux am Nordabhang der Pyrenäen fand man 772 Meter vom Eingang ihre Spuren. Zwei Stunden geht man durch hohe Gänge und riesige Marmorhallen, bis man im Bildersaal vor den schwarz und rot gemalten Wildpferden,

Rechte Seite: »Feentürme«
werden diese ragenden Tuff-
türme genannt. In christlicher
Zeit hauste hier in der Höhle
an der Spitze ein Einsiedler.

Steinböcken und Büffeln steht. Was bewegte die Eiszeitjäger dazu, bis hierher vorzudringen?

In der Höhle Les Trois Frères tanzt ein vermummter Zauberer zwischen Hunderten von Tieren. Der Menschenkörper ist durch ein Tierfell verhüllt. Die Gestalt hat einen Pferdeschwanz, Bärentatzen und auf dem Kopf ein Hirschgeweih. Das drohend blickende Eulengesicht trägt einen langen spitzen Bart. Das ist ein Zauberer, ein Schamane. Ein Höhlenbär ist von Pfeilen getroffen, Blut bricht ihm aus dem Maul. Rentiere und Wildpferde ziehen über die Wand. Großäugige Eulen schauen auf den Besucher herab. Die Höhle ist hier ein kultischer Ort.

Grotte Chauvet. In Südfrankreich wurden Ende des 20. Jahrhunderts weitere Bilderhöhlen entdeckt. Berühmt sind die Grotte Chauvet im Tal der Ardèche ebenso wie die Ekain und die Altxerri im Baskenland, die zahllose Malereien und Ritzzeichnungen aufweisen. Die Bilder von Ekain sind zwischen 15 000 und 12 500 Jahre alt. Bei der Grotte Chauvet kommt man auf mehr als 30 000 Jahre. Ihre Darstellungen sind besonders aufschlussreich. Sie berichten sehr umfangreich über die Tierwelt jener Zeit. Manches ist überraschend, so der Umriss einer Saiga-Antilope, die heute fast nur noch zwischen Wolga und Balchaschsee zu finden ist. Damals kam sie auch nördlich der Pyrenäen bis zum Atlantischen Ozean vor.

Von großer Bedeutung für die Jäger war das Rentier, das aus 30 Höhlen nachgewiesen ist. Eine große Rolle spielten auch das Wildpferd, der Steinbock und der Rothirsch. Interessanterweise wurde sogar der Lachs verewigt. Gewiss war er während der Laichzeit für Mensch und Bär eine hoch willkommene und überaus verlässliche Nahrungsquelle.

In der 490 Meter langen Grotte Chauvet, die vier große Säle aufweist, spielen neben figürlichen Darstellungen des Wildes auch abstrakte Zeichen eine große Rolle. Rätselhaft die Punkte und kurzen Striche, überwältigend in ihrer Fülle. Pferde- und Büffelherden sind abgebildet, auch Kampfszenen zwischen Stieren und Hengsten und kräftigen Büffeln. Das Mammut zeigt sich in den Gängen und riesigen Hallen. Schnell berühmt wurde der rotbraune Bär. Geschickt haben die eiszeitlichen Maler das Höhlenrelief in die Darstellung einbezogen und so die Bilder plastisch werden lassen.

Drei junge Höhlenforscher, Eliette Brunel Deschamps, Jean-Marie Chauvet und Christian Hillaire, entdeckten die Höhle. Am 8. Dezember 1994 betraten sie, so sagen sie selbst, als erste Menschen seit vielleicht 20 000 Jahren eine der weltweit schönsten Bilderhöhlen. Die Entdecker haben von Anfang an größten Wert auf den Schutz der neuen Höhle gelegt. Sie legten den Boden mit Plastikfolien aus, Karbidlampen wurden von vornherein verbannt, denn ihre Flamme rußt und hinterlässt nur allzu schnell schwarze Streifen und Flecken. Um die Höhle unbeschadet zu bewahren, ist sie nur für ausgewiesene Fachleute zugänglich.

Grotte Cosquer. Eine der ungewöhnlichsten Entdeckungen der letzten Jahre gelang an der französischen Mittelmeerküste, nicht weit von Marseille entfernt. In einem Küstenabschnitt, der durch viele Unterwasserhöhlen bekannt ist, entdeckte der Berufstaucher Henri Cosquer die inzwischen nach ihm benannte Grotte.

In fast 40 Metern Tiefe, weit unter dem heutigen Meeresspiegel, öffnet sich hinter einer Engstelle ein langer Gang, der sich immer wieder zu großen Hallen erweitert. Tropfsteine gibt es hier. Sie erinnern an eine Zeit, als die Höhle trocken war, denn nur in lufterfüllten Räumen können sich Tropfsteine bilden. Nach einer Viertelstunde erreicht der Taucher einen großen Saal, in dem er auftauchen kann. An der Decke funkeln Stalaktiten. Der Höhlenboden ist von Sinter überzogen. Zwischen den Stalaktiten entdeckt Cosquer merkwürdige Rillen, Kratzspuren, die an Bären denken lassen. Daneben Gravierungen, die wohl Hirsche darstellen, und längliche Tiere mit rundem Kopf und langen Barthaaren: Robben. Es kann sich nur um Mönchsrobben handeln.

Tuc d'Audoubert ist berühmt für die Fußspuren des eiszeitlichen Menschen, die bis zu den Bildern führen. In einer Felsspalte steckt noch das Steinmesser des Künstlers, der vor 10 000 Jahren die Figuren in die Höhlenwand ritzte. Der Boden vor den Bildern eines weiblichen und eines männlichen Büffels ist von tanzenden nackten Füßen festgestampft. Ein Tanz zum Vergnügen? Wohl eher ein kultischer Tanz, zum Dank für das Jagdglück, als Beschwörung oder Entschuldigung bei den getöteten Tieren, als Bitte um den Fortbestand des Jagdglücks oder ganz allgemein um Fruchtbarkeit. Möglicherweise fanden sie hier im geheimnisvollen Dunkel der Höhle eine Brücke zwischen Geburt, Leben und Tod, versuchten sie das wechselhafte Schicksal zu zwingen, lange bevor am Indus, am Huang Ho, an Euphrat und Tigris und am Nil die ersten Tempel entstanden.

Wirklich bewohnt war das dunkle, feuchte Höhleninnere der größeren Höhlen nie. Spuren von Rast- und Wohnplätzen entdeckte man im helleren Eingangsbereich der Höhlen oder unter überhängenden Felsdächern. Dort suchten Menschen der ausgehenden Eiszeit Schutz vor

Höhlenmenschen

Regen und Sturm und der Kälte der Nacht, wahrscheinlich hinter einem Windfang oder einem Fellzelt. Ein paar Tage, ein paar Wochen vielleicht blieb die Sippe an einem Platz. Manchmal mögen die streifenden Jäger auch länger geblieben sein, solange es eben im Umfeld genug zu erlegen gab. Sobald sie aber das Jagdglück verließ und der Hunger zu groß wurde, folgten sie dem Wild und zogen weiter.

Im Höhlenschutt des Geißenklösterles bei Blaubeuren fand man einen Milchzahn, ein Hinweis darauf, dass die Jäger nicht allein auf Jagd gingen, sondern von ihrer Großfamilie begleitet wurden. Oft lagerten sie auch im offenen Gelände. Doch in der Höhle blieben ihre Hinterlassenschaften meist besser erhalten: Reste ihrer Mahlzeiten, zerbrochene und verlorene Werkzeuge und Waffen, Asche und Holzkohle der Feuerstellen.

Unter Staub und Schutt und dürrem Laub, das der Wind in die Höhle hineinträgt, und unter den Steinsplittern, die der Frost vom Fels sprengt, wird in Jahrtausenden vieles begraben. Was außerhalb der Höhle im sauren Waldboden oder am sumpfigen Flussufer unweigerlich vermodert und verschwindet, wird vom kalkreichen Lehm und Schutt der Höhle konserviert.

Wochen, Monate, Jahre können vergehen, bis wieder eine Horde in die Höhle kommt und ihre Spuren hinterlässt. Schicht um Schicht liegen schließlich die Reste auf den Rastplätzen übereinander, getrennt durch Staub, Lehm und Schutt. Der Raum zwischen Höhlensohle und Höhlendecke wird niedriger. Man wohnt sich Zug um Zug nach oben. Schließlich ist der Eingang so eng, dass nur noch Fuchs und Dachs den Weg in die Höhle finden.

Solange die Ablagerungen nicht gestört sind, liegen die ältesten Kulturreste am tiefsten, die jüngsten am weitesten oben. In umgekehrter Reihenfolge trägt der Urgeschichtsforscher den Schutt der Jahrtausende ab. Nur selten kommen Bagger, Pickel und Spaten zum Einsatz. Das wichtigste Handwerkszeug sind Kelle und Schaber, Pinsel und Pinzette und immer mehr der sammelnde, ordnende Computer im Hintergrund.

Aus der Art, wie die Feuersteinwerkzeuge hergestellt sind, aus welchem Material sie bestehen, kann man auf ihr Alter schließen. Jeder Fund wird exakt eingemessen. Doch die Altersbestimmung mit physikalisch-chemischen Methoden spielt nach wie vor eine wichtige Rolle.

Deutung der Überreste. Werkzeuge aus der ältesten Altsteinzeit sind einfacher, gröber. Jüngere Stücke sind zierlicher und genauer gearbeitet und je nach Verwendungszweck unterschiedlich geformt. Doch nicht nur über das Alter, auch über das Klima jener fernen Zeit weiß man inzwischen viel. Selbst der Verwitterungsschutt gibt Auskunft über das Klima: In kalten Zeiten platzen kantenreichere, flachere Stücke vom Fels ab als in wärmeren. Die Botaniker können aus Pollen erstaunliche Schlüsse ziehen. Die winzigen Körnchen des Blütenstaubs sind überaus dauerhaft. Unter dem Mikroskop zeigen sie von Art zu Art erhebliche Unterschiede, denn jede Pflanzenart bildet ihre eigenen Pollenformen aus. Vor allem windblütige Pflanzen, zu denen die meisten Gräser und viele Bäume gehören, werden zur Analyse herangezogen. Der Blütenstaub wird durch den Wind in die Höhlen hineingetragen und ist in fast allen Ablagerungen zu finden. In kalten Zeiten fehlen die Baumpollen nahezu ganz und Graspollen aus der Kältesteppe überwiegen. Wärmere Perioden weisen vor allem Baumpollen von Birken, Kiefern, Lärchen, Fichten und Tannen auf. Aus den unterschiedlichen Ansprüchen dieser Pflanzen kann recht genau auf das Klima einer bestimmten Zeitspanne geschlossen werden.

Auch die eiszeitlichen Jäger selbst haben manches in die Höhle geschleppt. Gewiss gehört die große Zahl der Farnsporen, die man im Schutt mancher Höhlen findet, zur Hinterlassenschaft der Menschen. Wer auf Wurmfarnwedeln schläft, schläft sanft, gut gepolstert, und zudem hilft Wurmfarn gegen Läuse.

Auch Zoologen wirken an den Untersuchungen des Höhlenschutts mit. Kleinste Knochenreste und die besonders erhaltungsfähigen Zähne sind interessant. Wenn die gefundenen Tierarten heute noch vorkommen, kann aus ihrem heutigen Verbreitungsgebiet ebenfalls auf das Klima geschlossen werden, das herrschte, als die vorzeitlichen Menschen unter dem Höhlendach lebten. Wenn, wie in den Höhlen der Dordogne, Rentierknochen und Zähne von Lemmingen zusammen mit Pollen der Birke gefunden werden, spricht dies dafür, dass damals in Südfrankreich etwa dasselbe Klima herrschte wie heute in Lappland. In Mitteleuropa gab es zu jener Zeit keinen Wald, sondern nur baumlose Tundra zwischen den Eismassen, die einerseits von Skandinavien bis zum Rhein, zum Harz und in das Elbsandsteingebirge vorstießen. Die äußersten Ausläufer der Alpengletscher erreichten die Donau.

Adam aus Elfenbein. In den Höhlen Mitteleuropas hat man bisher noch keine sicher datierten eiszeitlichen Ritzzeichnungen und Höhlenmalereien an den Höhlenwänden und der Höhlendecke gefunden. Einzelne kleine Farbreste auf abgesplitterten Steinen, wie sie

jüngst bei Ausgrabungen im Hohle Fels im Achtal bei Schelklingen am Südrand der Schwäbischen Alb gefunden wurden, lassen die Vermutung zu, dass der stetige Angriff der wechselhaften Witterung in einem Landstrich, der lange Zeit zwischen dem Eispanzer im Norden Europas und den Vorlandgletschern der Alpen lag, im Laufe der Jahrtausende die Eiszeitmalereien vernichtet hat. Vielleicht müssen die Bilder aber auch erst noch entdeckt werden.

Eines allerdings steht längst fest: Nicht nur im südlichen Mitteleuropa lebten überaus kunstfertige Menschen. Das zeigen wundervolle Knochengravierungen wie das »suchende Rentier« aus dem Kesslerloch bei Schaffhausen oder die Tierfigürchen aus Mammutelfenbein, die man bei Ausgrabungen in der Vogelherdhöhle am Rande des Lonetals auf der Alb fand. Da gibt es ein Wildpferd mit kraftvoll gebogenem Hals, eine schlanke Pantherkatze, einen gefleckten Höhlenlöwen. Oder ist der Löwe am Ende ein Nashorn, dem das Horn abhanden kam, wie manche meinen? Was bedeuten die merkwürdigen Ritzungen auf seinem Körper? Die rund geschliffene Mammutfigur ist eindeutig als solche zu erkennen. Rätselhaft wiederum eine stark vereinfachte Menschenfigur, eine der ersten Darstellungen des Menschen überhaupt.

Mit Kind und Kegel. Durch die höhlenreichen Täler der Urdonau, der Ach und der Lone zogen die Jägergruppen, wahrscheinlich zusammen mit Frauen und Kindern auf ihren Wanderungen zwischen Südwesteuropa und den weiten Kältesteppen im Osten. Doch nicht immer hatten die eiszeitlichen Künstler Zeit und Ruhe. Den sorglosen Tagen nach erfolgreicher Jagd folgten nur zu oft Kampf und Not, ja bitterster Hunger.

Die älteste plastische Darstellung eines Menschen, die man kennt, stammt aus der Höhle Geißenklösterle im Tal der Schelklinger Ach bei Blaubeuren. Die Plastik ist mindestens 32 000 Jahre alt.

Höhlenlöwe oder Nashorn, dem das Horn abgebrochen wurde? Eine der Elfenbeinfiguren aus der Vogelherdhöhle. Beide Tierarten gab es hier zur gleichen Zeit.

Mancher Fund scheint darauf hinzudeuten, dass auch Menschen verzehrt wurden. In der Vogelherdhöhle fand man in derselben Schicht, in der die Plastiken lagen, auch zwei Schädel. Einer war eingeschlagen, zerbrochen und angekohlt. Wurde da ein Mensch Opfer einer Kannibalenmahlzeit? Oder gibt es einen kultischen Hintergrund?

Im Stadel, einer Höhle nicht weit davon, lagen unter der Höhlenschwelle die Schädel eines Mannes, einer Frau und eines Kindes aus der Jüngeren Altsteinzeit nebeneinander. Die Schädel wurden von vorne nach hinten vom Rumpf getrennt. Das erkennt der Anatom daran, dass der erste Halswirbel am Schädel erhalten blieb.

Ebenfalls aus dem Stadel stammt die älteste Plastik eines Menschen, der Löwenmann. Sie ist 28 Zentimeter hoch, weist menschliche Gestalt auf, hat aber einen Löwenkopf. Nach Radiokarbonmessungen ist sie etwa 32 000 Jahre alt. Erst 1970 wurde dieses Fundstück aus 200 Elfenbeinsplittern und -bruchstücken in mühsamer Puzzlearbeit wieder zusammengesetzt.

Die Beine des Löwenmannes sind kurz und muskulös, der Rumpf ist lang, der erhaltene Arm angewinkelt und trägt eine Reihe waagerechter Kerben. Ungewöhnlich ist vor allem der Kopf, der keine menschlichen Züge aufweist, sondern an die Tiermasken der »Zauberer«, an die Schamanen aus südfranzösischen Höhlen, erinnert.

Schatzkammern der Geschichte. Im oberen Donautal ragt ein einsamer Fels aus der Talmitte auf. Er ist von einer Höhle durchzogen und trägt die Ruine der Burg Dietfurt. Die »Geschichtsschreibung« dieser Felsenfestung reicht von der Altsteinzeit bis in die Gegenwart, ein

unglaublich langer Zeitraum. Nach dem Niedergang der Burg sind wieder Menschen gekommen. Auch sie sind nicht spurlos verschwunden. Eine lange Tradition an einem einsamen Fels mit Burg und Höhle.

Immer klarer wird das Bild der Menschheitsentwicklung. Bedeutende Reste früher Menschenformen blieben in geschützten Höhlen auf der ganzen Welt erhalten. Eine Million Jahre alt sind Vormenschenfunde im verbackenen Schutt südafrikanischer Höhlen. 500 000 Jahre alt sind die Schädel und Werkzeuge des »Pekingmenschen« aus den Höhlen von Tschou-koutien bei Peking. Berühmt geworden ist die Höhle von Le Moustier in der Dordogne, die neben einem ganzen Skelett auch die typischen Werkzeuge des Neandertalers geliefert hat.

Homo sapiens. Der erste wissenschaftlich einwandfrei erfasste Fund eines Homo sapiens, den man als den unmittelbaren Vorfahren des heute lebenden Menschen bezeichnen kann, wurde unter dem Felsdach von Crô Magnon in Südfrankreich gemacht. »Crô-Magnon-Mensch« nennt man ihn deshalb auch. Im Vergleich zur Menge der Bilder, die uns der Eiszeitmensch hinterlassen hat, ist die Zahl der Skelette, die man von ihm fand, sehr klein. Auch das spricht dafür, dass selbst die Vorräume der Höhlen als Wohnplätze nicht besonders beliebt waren, sondern dass sich die Reste dort nur besser erhielten.

Die Höhlenburg. In der Jungsteinzeit, der darauf folgenden Bronzezeit und der Eisenzeit waren Höhlen weniger gefragt. Der Mensch hat gelernt, seine »Höhlen« selbst zu bauen, stabilere Zelte, Hütten und Häuser. Dabei sprechen viele Funde auch aus der Altsteinzeit dafür, dass in den großen Höhleneingängen

Der berühmte Löwenmann aus der Höhle Hohlenstein Stadel im Lonetal ist eine rätselhafte Figur, vielleicht ein Zauberer, ein Schamane. Sie ist etwa 32 000 Jahre alt. Die Plastik wurde aus Elfenbein geschnitzt.

oder im unmittelbaren Vorfeld bereits Fellzelte standen. Später ging der Mensch dazu über, seine Behausungen ins freie Land zu verlegen. Dennoch hat er in Notzeiten, vor allem in Kriegszeiten, in den Höhlen Zuflucht gesucht. Nicht selten hat er sie zu Fluchtburgen, ja Festungen ausgebaut. Berühmt ist das Höhlenschloss von Predjama in Slowenien. Dort steht heute noch die wehrhafte Burg der Herren von Windischgrätz, die sie im 16. Jahrhundert an der Stelle einer noch älteren Burg in einem Höhlentor errichteten. Nur über Strickleitern war sie einst vom Tal aus zu erreichen. Angriffe von oben schirmte das Höhlendach ab. Das Tropfwasser aus dem Höhleninnern diente der Wasserversorgung. Notausgänge bot das weit verzweigte Höhlenlabyrinth ebenfalls an.

Selbst in einer Zeit, in der die meisten Menschen um alle Höhlen einen großen Bogen machten, um ja nicht den bösen Mächten der Finsternis, den Unterirdischen, den Hadischen, zu begegnen, hat doch mancher den Weg in die dunkle Tiefe gewagt. Noch 1801 wurde ein Mann von den Leuten davor gewarnt, in die Linkenboldshöhle bei Onstmettingen in der Schwäbischen Alb einzusteigen, weil er sonst dem »Muetes Heer«, dem wilden Heer des Germanengottes Muete, also Wotan, begegnen würde. Hirten, Jäger, Soldaten, fahrendes Volk und Räuber lagerten in Höhlen und manche Nachricht haben sie als Ritzzeichen an der Höhlenwand hinterlassen. Noch im Zweiten Weltkrieg dienten Höhlen als bombensichere Unterstände und Vorratslager. In den Höhlen Jugoslawiens lagen die verborgenen Stützpunkte der Partisanen.

Höhlengold und Räuberhöhle. Niemals aber, weder in der Steinzeit noch später, lebten Menschen längere Zeit tief im feuchten Innern der

natürlichen Höhlen, kein Einsiedler, auch die Herren von Windischgrätz nicht. Obwohl das Schloss jahrhundertelang bewohnt war, kam nie ein Bewohner auf die Idee, sich auf die Dauer in das Innere der Höhle zurückzuziehen. Derartige Höhlenmenschen sind Kinder der Phantasie unseres wissenschaftlichen Zeitalters.

Höhlenburgen. Die Festung Troia wurde durch eine wasserführende Höhle im Burgfelsen auch in Notzeiten versorgt.

Moderne Höhlen. Kilometerlange Tunnels für Autos und Eisenbahn sind aber, trotz erheblicher Probleme, selbstverständlich geworden. Allerdings sollte man nicht vergessen, dass Menschen schon seit früher Zeit künstliche Höhlen in den Berg trieben. Nicht nur tiefe Brunnenschächte, Wasserleitungen und Bergwerksstollen. Auch Behausungen legten sie im weichen Sandstein, Kreidekalk und vulkanischen Tuff. In heißen Gegenden, so in Anatolien sind »Höhlenwohnungen« sehr geschätzt, da wohl temperiert, gewissermaßen mit Klimaanlage. Heiße, trockene Sommer und kalte Winter lassen sich in solchen Wohnungen gut ertragen. Berühmt sind die Höhlenwohnungen und unterirdischen Kirchen in den Vulkantufen im Hochland von Kappadokien in der östlichen Türkei, vor allem bei Göreme.

In diesem Gebiet liegen auch die größten Höhlenstädte, die Menschen jemals anlegten, die Yeralti Schechri. Bis zu sieben Stockwerke tief reichen sie hinab. Einigen tausend Menschen und ganzen Rinderherden boten sie Schutz vor räuberischen Nachbarvölkern.

In Nordfrankreich bei Amiens haben die Bewohner der Region eine unterirdische Stadt in

das Kalkplateau von Naours gegraben. Bis zu 3000 Menschen nebst Viehbestand fanden Platz in den 300 Räumen und Ställen. Sogar eine Kapelle gibt es hier. Noch heute kann man die rund drei Kilometer lange Anlage besichtigen. Seit dem 3. Jahrhundert versteckten sie hier immer wieder Menschen und vergrößerten die Anlage. Im Zweiten Weltkrieg diente dieses Versteck den deutschen Streitkräften von 1942 bis 1944 als Stabsquartier.

Doch damit wären wir bei einem Kapitel, das nur noch am Rande hierher gehört: beim Menschen, der sich in unseren Tagen als Bergmann, als Krieger eingräbt und so in seinem selbst geschaffenen Höhlensystem ein Leben führt, für das er nicht geschaffen ist.

Die Höhlenburg Predjama in Slowenien, gebaut von den Herren von Windischgrätz, ist ein Musterbeispiel für eine befestigte Höhle.

Linke Seite: Unter den Felsdächern und in den Halbhöhlen der Sandsteinwand im Mesa Verde Nationalpark, Colorado, legten Pueblo-Indianer ihre geradezu städtischen Siedlungen an. Das goldene Zeitalter dieser Kultur lag zwischen 1100 und 1300 n. Chr.

Leben im Dunkel

Tazzelwurm. Keiner kümmert sich mehr um den Tazzelwurm, das sagenhafte Ungeheuer, das in den unzugänglichen Höhlen der Alpen hausen soll. Gäbe es nicht ein paar Juxpostkarten und Zeitungsschreiber, die ab und zu an ihn erinnern, wäre er längst vergessen. Dabei kommt die Kunde vom Tazzelwurm, dem grausigen Untier, von Feuer speienden Drachen, Höllenhunden und anderen Schreckgestalten, die in tiefen Höhlen hausen, nicht ganz von ungefähr. Mancher Jäger oder Hirte hat an kalten Tagen eine Nebelfahne über einer Höhlenspalte beobachtet und erschreckt die warme Luft gefühlt, die aus der Spalte heraufwehte.

Heute kann man diese Naturerscheinung ganz einfach erklären: Die wärmere, feuchte Höhlenluft ist leichter und steigt deshalb auf. Sobald sie sich abkühlt, kondensiert der Wasserdampf und bildet die Nebelfahne. Solche Erklärungen lagen den Menschen früherer Zeiten fern. Sie verglichen ganz einfach die Naturerscheinung mit dem, was sie täglich beobachteten. Wenn es draußen kalt ist, bildet ja auch der warme Atem von Mensch und Tier kleine Nebelfahnen. Der Nebel aus der Felsspalte ließ auf ein Untier schließen, einen Drachen, einen Tazzelwurm.

Überdies hatte man in manchen Höhlen gewaltige Schädel mit langen Zähnen gefunden. Wenn die nicht von Höllenhunden stammten! Waren diese Knochen nicht der sichere Beweis dafür, dass hier die Reste unzähliger Drachenmahlzeiten beieinander lagen? Dass man immer wieder menschliche Skelettteile zwischen den Tierknochen entdeckte, machte die Sache nur noch schauriger. Da war wohl der Teufel selbst mit im Spiel! Kein Wunder, dass nicht wenige Höhlen Teufelsloch, Höllenloch und Drachenloch heißen.

Bröller. Manchmal hört man den Unhold in der Höhle brüllen. Immer kurz bevor der Höhlenbach aus dem Tor hervorbricht. Doch wer brüllt in den Bergen so furchterregend, wenn nicht der Tazzelwurm? Die Höhle selbst ist es, die brüllt. Genauer gesagt, die Höhlenluft.

Das eiszeitliche Mitteleuropa war Bärenland. Diese großen, intelligenten, vielseitigen Tiere hatten schon damals nur einen ernsthaften Gegner, den Menschen. In Alaska leben sie noch in freier Wildbahn.

Wenn das Wasser in der Höhle durch ein Gewitter oder bei der Schneeschmelze rasch anschwillt und den Ausgang verengt, wird die Höhlenluft zwischen Wasser und Fels mit einem Donnerschlag oder mit einem länger anhaltenden Brüllen ausgepresst. Nicht umsonst heißen viele Höhlen, die nur bei Hochwasser einen Bach entlassen, Bröller oder Brüller, wie die Koppenbrüllerhöhle bei Obertraun in Österreich und die vielen Bröller der Schwäbischen Alb.

Gegen Ende der Eiszeit. Inzwischen sind viele Höhlen mit wissenschaftlicher Gründlichkeit erforscht und vor allem der Höhlenboden auf Überreste von Mensch und Tier untersucht und bearbeitet. Man kann anhand der darin gefundenen urzeitlichen Knochen nicht nur die Tierarten bestimmen von denen sie stammen, sondern auch auf das Aussehen und die Le-

bensweise der ausgestorbenen »Höhlentiere« schließen. Man weiß heute, dass bis in die letzte Eiszeit hinein gewaltige Bären sich in Höhlen aufgehalten haben, dass es zur gleichen Zeit auch große Löwen gab, die regelmäßig Höhlen aufsuchten. Auch Knochen von Höhlenhyänen und vielen anderen Tieren hat man gefunden, Knochenstücke von Großtieren, von Wildpferden, Wildrindern, gewaltigen Hirschen, vom Wollhaarigen Nashorn und vom Mammut. Von Höhlen bewohnenden riesigen Drachen jedoch keine Spur.

Mit der letzten Kaltzeit vor 12 000 bis 18 000 Jahren ging die Zeit der Höhlenbären zu Ende. Dennoch weiß man über sie mehr als über manches heute noch lebende Tier.

Höhlenbären. Auf einigen Höhlenbildern in Südfrankreich, so in der Grotte Chauvet, haben eiszeitliche Jäger Höhlenbären so treffend dargestellt, dass man nicht nur seine äußere Gestalt, sondern auch seine Art, sich zu bewegen, erkennt. Aus den Skelettresten kann man sich ein gutes Bild vom Körperbau und der Lebensweise dieser Tiere machen. Vor allem die Zähne sind aufschlussreich.

Der Höhlenbär war etwa anderthalbmal so groß wie der europäische Braunbär, also sicher größer als der Grizzly, aber nicht größer als der größte heute lebende Braunbär, der Kodiak. Er ernährte sich hauptsächlich von Pflanzen; Beeren, Pilzen, Blättern, Gras, die er mit seinen breiten Backenzähnen zerquetschte. Aber sicher hat er die Lachse in den Flüssen genauso wenig verschmäht wie seine heutigen Vettern aus Alaska und Kamtschatka. Dass Bären Aas nehmen, ist weniger bekannt, aber für ihre Ernährung von Bedeutung. Als reiner Pflanzenfresser hätte der Höhlenbär den langen Winterschlaf schwerlich überstanden.

Der große Bär hatte kaum Feinde. Allenfalls der Höhlenlöwe oder ein kräftigerer Artgenosse konnten ihm gefährlich werden, und damals schon der Mensch. Aber er floh sicherlich nicht in die Höhlen, um sich in Sicherheit zu bringen. Bei schlechtem Wetter und anhaltender Hitze mag er sie aufgesucht haben und sicher auch, um hier seinen Winterschlaf zu halten.

Bärenhöhlen sind gar nicht so selten. Polierte Felsen, so genannte Bärenschliffe, zeigen, wo sich die zotteligen Besucher immer wieder scheuerten. In manchen Schauhöhlen, so in der Charlottenhöhle bei Heidenheim, liegen solche Stellen am Rand des Höhlenwegs.

Oft findet man zwischen den Skelettresten der erwachsenen Tiere auch die Gebeine ganz junger Bären. Offenbar haben die Weibchen, wie die heutigen Braunbären, ihre Jungen während des Winterschlafs in der Höhle zur Welt gebracht. Doch viele der neugeborenen Bären haben das Frühjahr nicht erlebt. Andere ereilte dieses Schicksal erst im zweiten oder dritten Winter.

Große Schädel mit hohen Knochenkämmen auf dem Schädeldach und flachen, abgenutzten Zähnen, daneben Knochen, deren Gelenke von Rheumatismus krankhaft verändert wurden, findet man immer wieder. Es handelt sich um die Reste sehr alter Einzelgänger, die in der Höhle starben.

Unzählige Bärenskelette liegen in den Höhlen von den Pyrenäen bis zum Ural. Allein 50 000 fand man in der Drachenhöhle von Mixnitz in der Steiermark. Diese Tiere sind aber sicher nicht gleichzeitig durch eine Katastrophe ums Leben gekommen. Im Laufe von 10 000 Jahren haben sich die Reste ungezählter Generationen summiert. Man sollte sich von großen Zahlen nicht täuschen lassen. 50 000 Bären auf 10 000 Jahre verteilt ergibt einen Durchschnittswert von fünf Bären pro Jahr.

Höhlendünger. In der Zeit nach dem Ersten Weltkrieg, als es in Österreich schwer war, Düngemittel für die Felder zu beschaffen, baute man den knochen- und kothaltigen Höhlenlehm als hochwertigen Dünger mit bis zu 15 Prozent Phosphat ab und verkaufte ihn an die Bauern. Insgesamt wurden 60 Güterzüge mit je 50 Wagen abtransportiert. Auch in Rumänien und der Tschechoslowakei, Deutschland, Australien und Asien wurden phosphathaltige Höhlenablagerungen ausgebeutet. Bis heute gilt dies für viele Höhlen in Asien.

In den Alpen, im Gebiet des Adamello, hat eine kleine Bärenpopulation überlebt. In welcher verwandtschaftlichen Beziehung unsere Höhlenbären zu den heutigen Braunbären stehen, ist immer noch nicht ausdiskutiert.

So notwendig die Düngemittelbeschaffung in Notzeiten auch gewesen sein mag, durch den Abbau der Knochenlager ging unendlich viel wertvolles Material für die Wissenschaft verloren. Mancher wird es bedauern, dass man aus den Knochenbergen die schönsten Stücke nicht mehr auswählen konnte, um sie in den Handel zu bringen. Doch diese Zeiten sind vorbei. Die Höhlensedimente sind zu wertvoll, um sie zu verschleudern.

Im Drachenloch in den St. Gallener Alpen erhielt man um 1920 einen wichtigen Hinweis auf die Bedeutung des Höhlenbären für den steinzeitlichen Menschen: Hinter einer Mauer aus Kalksteinplatten lagen Bärenschädel, in die Röhrenknochen der Gliedmaßen eingeschoben waren. Fast alle Knochen zeigten Spuren von Verletzungen durch den Menschen. Eigentümlich war auch die übereinstimmende Ausrichtung der Schädel. Offenbar war der Höhlenbär für die Jäger jener Zeit mehr als nur eine Beute. Das zeigen besonders eindrucksvoll neuere Funde in Höhlen der Westkarpaten.

Piatra Altarului. Erst 1984 wurde diese Höhle in den Bihar-Bergen in Siebenbürgen von rumänischen Höhlenforschern entdeckt. Als man erkannte, welche Schätze sie birgt, wurde sie unter Schutz gestellt. Heute haben zu dem ausgedehnten System ausschließlich Höhlenforscher mit Sondererlaubnis Zutritt.

In einen abgelegenen Teil, dessen Zugang heute überflutet ist, kommen nur Taucher mit dicken Nerven. Das Wasser steht bis zur Höhlendecke. Der Siphon muss durchtaucht werden.

Nach der Tauchstrecke öffnet sich der Höhleneingang zu einem tunnelartigen Gewölbe. Unzählige Knochen bedecken den Boden.

Das stolze Entdeckerteam der Piatra Altarului Höhle in den Westkarpaten.

»Bärenfriedhof« nennen die Entdecker diesen Raum, wobei man sich sehr genau überlegen muss, was damit gemeint ist.

Besonders auffällig ist die kreuzförmige Anordnung von vier Schädeln. Das ist kein Zufall. Auch die Zuordnung von Oberschenkelknochen zu den Schädeln spricht dafür, dass hier Menschen am Werk waren. Sogar ein Kieferstück eines Mammuts hat man hier gefunden. Wahrscheinlich haben es Menschen hierher geschleppt.

Das waren in der frühesten Zeit Neandertaler und später unsere eigentlichen Vorfahren, die Crô-Magnon-Menschen der Jüngeren Altsteinzeit.

Die Verletzungen der Schädel und der anderen Knochen lassen keinen Zweifel daran, dass manche dieser Bären von Jägern erlegt wurden, wahrscheinlich sogar in der Höhle während des Winterschlafs. Man nahm nur mit, was man verwerten wollte, die Knochen ließ man zurück. Ihre Anordnung lässt aber vermuten, dass der Jagd ein Versöhnungsritual folgte.

Das alles ist lange her. Auf den Schädeln haben sich Tropfsteine gebildet. Manche sind ganz von Sinter überzogen. Über das Alter der Bärenknochen ist man sich nicht ganz einig. In den USA wurde ihr maximales Alter auf 70 000 Jahre bestimmt. Knochen in benachbarten Höhlen sollen 32 000 Jahre alt sein.

Heilige Bären. Bei einigen sibirischen Völkern und den Ureinwohnern der Inseln im Norden Japans werden heute noch Bären gejagt und zugleich religiös verehrt. Für die Ainus ist der Bär mehr als nur ein Tier. Sie halten ihn für einen verzauberten, eingefangenen Gott, dessen Geist

Eingesinterter Höhlenbären-
schädel, Blick auf die Oberkiefer-
bezahnung (Zoolithen-Höhle).

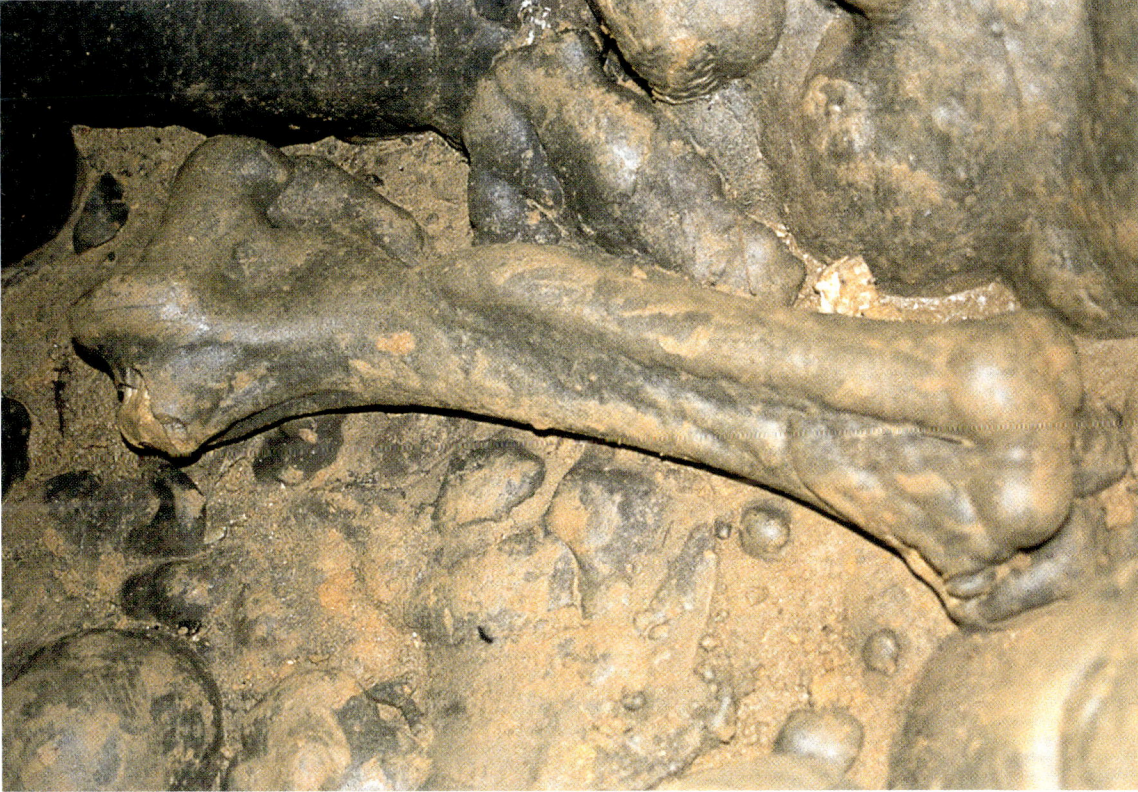

Eingesinterter Oberarmknochen
eines Höhlenbären (Zoolithen-
Höhle).

durch den Tod von seiner irdischen Gestalt befreit wird. Diese Verehrung wird auch gefangenen Jungbären zuteil. Sie werden liebevoll aufgezogen. Bei einem religiösen Fest werden sie später getötet und verspeist.

Die Jagd auf den großen Bären war gewiss gefährlich. Wenn man weiß, wie ehrfürchtig die Indianer Nordamerikas dem Schwarzbären, dem Braunbären, dem Grizzly und dem gewaltigen Kodiakbären begegnen, der von ihnen als »Großer Bruder aus dem Wald« bezeichnet wird, darf man sich auch die steinzeitliche Jagd nicht als große Hatz, als Männervergnügen vorstellen. Schließlich hatten die Jäger jener Zeit nur Holzspeer, Keule und Feuer zur Verfügung. Wahrscheinlich versuchten sie den Kampf Mann gegen Bär zu vermeiden und erlegten die Kolosse im Winterschlaf.

Es ist denkbar, dass auch die Eiszeitjäger unserer Breiten junge Bären einfingen und sie gefangen hielten, ähnlich wie die Ainus. Es ist durchaus denkbar, dass die eiszeitlichen Jäger eine Reihe von Tierarten ausgerottet haben. So weiß man, dass die patagonischen Indianer im Süden Chiles Riesenfaultiere gejagt und in Höhlen gefangen gehalten haben. Es gilt als erwiesen, dass das Aussterben der Riesenfaultiere auf ihr Konto geht.

Zwar sind die Höhlenbären auch am Ende der letzten Eiszeit verschwunden, zumindest hat man keine Überreste mehr von ihnen in Höhlen gefunden, aber dafür könnte es andere Erklärungen geben. Vielleicht sind die Höhlenbären auch gar nicht ausgestorben. Immerhin zeigen die heutigen Vertreter der Bären, wie vielfältig eine Art sein kann. Der riesige Kodiakbär und der vergleichsweise kleine Alpenbär, der Isabellbär aus Zentralasien

und der Grizzlybär Alaskas sind recht verschieden, dennoch werden sie derselben Art zugerechnet.

Die Höhlenbären fallen, weder was die Größe noch was ihre Skelettmerkmale anbelangt, aus dem Rahmen der Art Braunbär Ursus arctos. Merkwürdig ist immerhin, dass das Ende der Eiszeit und das vermeintliche Ende der Höhlenbären so schön zusammenpassen. Könnte es nicht sein, dass die Bären, nachdem der Boden nicht mehr gefroren war, ihre Winterhöhlen wieder selber gruben? Dann wären gar die Braunbären von heute die Höhlenbären von gestern.

Sirenen. Bezaubernde Meerjungfrauen sollen mit ihrem Gesang den sagenhaften Odysseus um ein Haar vom rechten Weg abgebracht haben. An den Schiffsmast ließ er sich binden und seinen Gefährten die Ohren verstopfen. So hörte er allein die Sirenen singen, ohne dass der Gesang dem Schiff gefährlich werden konnte. So weit Homer in Kurzfassung.

Was kann Odysseus gehört haben? Einen hohen, jammernden Singsang, der das dumpfe Grollen der Brandung übertönte? So »singen« Robben, wenn sie nach ihren Jungen suchen, und die Jungen, wenn sie nach ihren Müttern rufen. Wo es noch Mönchsrobben gibt, kennt man diesen Gesang.

Mönchsrobben sind weithin ausgerottet. Allenfalls 350 gibt es noch. Im Altertum waren sie rund ums Mittelmeer zu finden, überall dort, wo sie in den Steilküsten große, tiefe Höhlen fanden, um sich zurückziehen zu können. Im Schutz der Höhlen bringen sie ihre Jungen zur Welt und versorgen sie auch hier während der ersten Zeit.

Brandungshöhlen und Brandungstore gibt es in den Kalkfelsen der Mittelmeerküste mehr als genug: an der griechischen Küste, an den Küsten der Inseln der Ägäis, in Sardinien und Marokko, aber auch an der türkischen Schwarzmeerküste, um nur einige Plätze zu nennen. Die größten Kolonien findet man heute jedoch im Atlantik, an der Küste Mauretaniens und der Westsahara, aber auch auf den Madeira vorgelagerten Felsinseln, den Desertas.

Wo immer der Name Lobo oder Lobos für eine Bucht, für eine Insel, einen Ort auftaucht, darf man davon ausgehen, dass es hier Mönchsrobben gab oder gibt. »Seewölfe« nannten die Fischer die ihnen höchst verhassten Fischfresser. Sie haben in erster Linie dafür gesorgt, dass die Mönchsrobben fast ausgestorben sind. Kalter Futterneid und immer auch die Lust auf frisches Säugetierfleisch und das schöne Fell wurde den Sirenen, den so liebenswürdig dreinschauenden Tieren mit den runden, dunklen Augen, zum Verhängnis.

Die Tatsache, dass Mönchsrobben offenbar bereit sind, neue passende Brutreviere zu erkunden, lässt einen Funken Hoffnung aufkommen. So hat man auf den Kanarischen Inseln immer wieder Mönchsrobben gesichtet, die offenbar den langen Weg von der afrikanischen Kolonie oder von Madeira hierher schafften. Der Name der Insel Lobos, der kleinsten des Archipels, lässt darauf schließen, dass die Spanier dort Robben vorfanden.

In Mauretanien am Cap Blanc befindet sich derzeit die größte Mönchsrobbenkolonie der Welt mit rund hundert Tieren. Vielleicht weil man hier den Robben mit großem Respekt begegnet. Als »Könige der Meere« sind sie für die heimischen Fischer unantastbar. Dort droht die

Gefahr von der internationalen Großfischerei, die auch die Fischbestände vor der westafrikanischen Küste schonungslos ausbeutet.

Unser Team drehte für »Wunder der Erde« hinter den Minenfeldern entlang der Küste der Westsahara. Hier leben die Robben gewissermaßen im Schutz der Polisario, einer Truppe von Unabhängigkeitskämpfern, die keine ungebetenen Gäste duldet und die schwimmenden Fischfabriken auf Distanz hält. Internationale Naturschutzorganisationen haben die Bedeutung dieser großen Kolonie für das Überleben der Art erkannt. Vor allem spanische Wissenschaftler bemühen sich mit Unterstützung der Umweltstiftung »Euronatur« um den Fortbestand dieser Kolonie.

Bue Marino. Ende der 1960er-Jahre muss es an der sardischen Küste noch Mönchsrobben gegeben haben. Wir drehten damals auf Sardinien

Mönchsrobben sind Höhlentiere auf Zeit. Einst waren sie an den Felsküsten rund ums Mittelmeer weit verbreitet. Zurzeit gibt es gerade noch 350 Tiere dieser Art.

Der größte Konkurrent der Robben ist der Mensch. Wo er sie nicht bis zur Ausrottung bejagt hat, bedrängt er sie durch den Tourismus. Aus Capris berühmter »Blauer Grotte« sind sie längst verschwunden.

Die Brandungshöhlen am Cap Blanc an der westafrikanischen Küste sind bis heute von Mönchsrobben bewohnt. Hier an dieser wilden Küste sind sie weitgehend sicher. Von Wissenschaftlern und Naturschützern werden sie erforscht und bewacht.

Rechte Seite: Das Kamerateam arbeitet an der unzugänglichen Küste unter schwierigsten Bedingungen.

Höhlenfilme. In der Bue Marino, einer großen Grotte an der Ostküste, fand unser Kameramann auf einer Sandbank im hintersten dunklen Bereich das Skelett einer jungen Robbe, einer Mönchsrobbe.

Wo sich im Innern der Höhle das Wasser beruhigt und eine Sand- oder Kiesbank als Ruheplatz dienen, kommen die Jungen zur Welt. Dort bleiben sie in ihrer ersten Zeit sicher vor Sturm und Seegang, vor allem vor der gefährlichen Brandung, die die Jungen aufheben und gegen die Felsen werfen kann. In der Tat kommen an der afrikanischen Atlantikküste die meisten Jungtiere in den Brechern der ungebändigten atlantischen Brandung um oder werden von der starken Strömung von ihren Müttern weggetrieben. Die Robbenschützer am Cap Blanc versuchen hier zu helfen. Sie sammeln Junge, wenn irgendwie möglich, wieder ein und bringen sie zu den Müttern zurück.

Höhlentiere sind die kleinen Robben nur für kurze Zeit. Mit durchdringenden Rufen halten die Kleinen und die Mütter Kontakt zueinander. Aber nur widerwillig lösen sich die Jungen von ihrem Strand in der schützenden Höhle ab, mit der sie Geborgenheit, Spiel und wohl auch der Gedanke an nahrhafte Milch verbinden. Die Mutter versucht, je älter die Jungen werden, sie immer drängender aus der Höhle heraus ins freie Wasser zu führen, sie mit den Gefahren in der lichterfüllten Welt vertraut zu machen. Mönchsrobben sind so gesehen Höhlentiere auf Zeit.

Höhlengäste, Höhlenfreunde und Höhlentiere. Ein richtiges Höhlentier, das sein ganzes Leben im Untergrund verbringt, ist weder die Mönchsrobbe noch war es der Höhlenbär. »Höhlenfreunde« oder, wie die Fachleute sagen, »Troglophile«. Auch Höhlenlöwen und Höhlenhyänen würde er zu dieser Gruppe rechnen. Sie suchten Schutz in der Höhle oder durchstöberten sie, um Beute zu machen und Aas zu finden. So gesehen gehören auch Dachs und Fuchs zu diesem Verein. Sie legen nicht selten ihren Bau in den Eingangsbereich einer Höhle. Solche Höhlen sind im Übrigen mit äußerster Vorsicht zu genießen, am besten Finger weg! Lebensgefährlich sind die Eier des Fuchsbandwurms, die kranke Füchse in großer Zahl mit dem Kot abgeben.

Im Eingangsbereich von Höhlen nisten nicht selten Eulen. Oder sie kommen hierher, um in Ruhe zu verdauen. Die unverdaulichen Reste würgen sie als Gewölle aus. Diese Klumpen, die Haare, Knöchelchen und Zähne enthalten, kann der Fachmann sehr genau zuordnen. Seit man die Reste dieser Kleinsäuger bei Grabungen planmäßig aufsammelt, weiß man auch mehr über den Klimaverlauf der letzten Jahrtausende. So nehmen beispielsweise mit zunehmender Erwärmung die Skelettreste von Lemmingen ab.

Zu den Höhlenfreunden gehören auch viele Insekten, vor allem Mücken und Fliegen, die die kalte Jahreszeit in der Höhle verbringen, und die wunderschöne Webspinne Meta menardi, die ihre Netze im Höhleneingang aufspannt, macht gute Beute unter Mücken, Fliegen und Schmetterlingen, die es in die Höhlen zieht.

Zufallsgäste. Viele Tiere finden mehr oder weniger zufällig den Weg in die Höhle. Der Feuersalamander gehört dazu, der im Spätherbst nicht selten in die wärmere, feuchtere Höhle kriecht. Ähnliches gilt für Lemminge oder den Siebenschläfer, der seine Vorräte hinter einem Stein im Eingangsbereich aufhäuft. Mäuse und Hamster, Murmeltiere, selbst Hasen, Vögel, Eidechsen, ja sogar Frösche haben sich entweder in die Höhle verirrt oder sie starben hier als Opfer eines Raubtiers. Jedenfalls findet man hin und wieder ihre Skelette im Höhlenschutt.

Die Grenzen zwischen »Höhlenfreunden«, »Höhlengästen« und echten »Höhlentieren« sind letztlich künstlich, zumal viele Tiere, die gar nichts mit Höhlen zu schaffen haben, durchaus das Leben von Höhlentieren führen. Man denke nur an den Maulwurf oder an den Regenwurm oder, und da wird die Ähnlichkeit noch auffälliger, an Termiten, die bleich und blind in ihrem selbst geschaffenen Höhlensystem leben.

Nachtgespenster

Die Wolke am Abendhimmel. Das größte Höhlensystem der Welt, die Mammoth Cave in Kentucky, entdeckte ein Cowboy, als er einer merkwürdigen Wolke nachging, die am Abendhimmel aufstieg. Aus einem Höhlentor flogen Millionen von Fledermäusen zur Jagd aus. Wie schwarze Schatten huschten sie über den hellen Horizont, bald in reißendem Flug, bald flatternd und verharrend und plötzlich in steilen Spiralen aufsteigend. Blitzschnell, mit nadelfeinen Zähnen packten die Nachtjäger ihre Beute und zerlegten sie im Flug.

Wir hatten das Glück, dieses Schauspiel am Portal einer der bemerkenswertesten Höhlen der Welt, den Carlsbad Caverns in New Mexico, zu erleben. Zusammen mit einigen hundert Besuchern des Nationalparks saßen wir im Felsenrund am Eingang eines großen Höhlentors, um auf den abendlichen Ausflug der Mexikanischen Freischwanzfledermäuse zu warten. Zuerst kamen nur einige wenige, besonders neugierige oder unerfahrene Tiere, und dann, von einem kühlen Luftzug begleitet, die große Mas-

se, Tausende von flatternden und dennoch lautlos fliegenden Fledermäusen. Bis zu 300 000 Tiere wurden hier in den letzten Jahren gezählt. Und dann war alles genau so, wie es der Cowboy von der Mammoth Cave beschrieben hat.

In einer immer weiter werdenden Spirale steigt die Wolke zum abendlichen Mond auf und verliert sich schließlich über der endlosen Weite der Wüstensteppe Neumexikos. Doch irgendwann im Herbst kommt die Wolke nicht mehr zurück. Dann fliegen die »Freetails« 400 bis 500 Kilometer weit zu wärmeren Höhlen in Mexiko. Dort überwintern sie.

Fledermause. Obwohl die Höhlen in Mitteleuropa nur acht bis neun Grad warm sind, verbringen eine Reihe von Fledermäusen dort den Winter. Das Mausohr, das Langohr, die Mopsfledermaus, die Große und die Kleine Hufeisennase gehören dazu. Manche Arten, wie die Hufeisennasen, hängen einzeln und in größeren Abständen an der Höhlendecke. Mit ihren feinen Krallen finden sie selbst an den kleinsten

Die Besucher der Carlsbad Caverns warten geduldig auf den Ausflug der Fledermäuse.

Linke Seite: In der Dämmerung verlassen die Mexikanischen Freischwanzfledermäuse ihre Schlafplätze, um Insekten zu jagen.

Gang in der Sof Omar Höhle,
(Bale in Äthiopien). Durch das
Licht werden einige Fledermäuse
aus ihrer Tagesruhe geweckt.

Rauigkeiten des Gesteins Halt. Andere, so die Mausohren, verbringen den Winter dicht aneinander geschmiegt, als Kolonie, die hundert Tiere und mehr umfassen kann. In der Masse überstehen sie tiefere Temperaturen besser. Aber leider haben es auch Parasiten leichter, von Tier zu Tier zu wechseln.

Sobald die Fledermäuse zur Ruhe kommen, verlangsamen sich Herzschlag und Atmung. Die Herzfrequenz fällt von etwa 300 Schlägen pro Minute auf einige wenige ab. Auch die Körpertemperatur sinkt ab bis auf die Höhe der Umgebungstemperatur.

Wenn in besonders strengen Wintern die Temperatur der Höhle abfällt und gar den Gefrierpunkt erreicht, fällt auch die Körpertemperatur der Fledermäuse bis nahe an den Gefrierpunkt ab, wird aber über null Grad gehalten. Bevor der Körper zu erfrieren beginnt, fangen sie an, mit allen Muskeln zu zittern, und heizen sich auf diese Weise auf. Oft fliegen sie dann tiefer ins Höhleninnere an einen wärmeren Platz.

Einige Arten verfügen über diesen Weckmechanismus nicht. Sie halten sogar Bluttemperaturen von unter null Grad Celsius aus. Sinkt die Körperwärme unter minus zwei bis drei Grad, erfrieren sie. In unseren Breiten besteht diese Gefahr kaum, wenn die Höhlen nur lang genug sind und einigermaßen waagrecht verlaufen.

Die meisten Fledermäuse kehren Jahr für Jahr in ihre Höhle zurück. Ihr Heimfindevermögen entspricht dem der Vögel beim Vogelzug. Man hat einzelne Fledermäuse mit Aluminiumklammern gekennzeichnet, ähnlich wie man Vögel beringt. Auf diese Weise hat man herausgefunden, dass nordamerikanische Mausohren ausgesprochene Langstreckenflieger sind. Sie über-

Unsere heimischen Mausohrfledermäuse hängen gerne dicht beieinander an der Höhlendecke. Die feuchte Luft schlägt sich an ihrem kühlen Körper in Tröpfchen nieder.

Um die Winterschlafplätze der Fledermäuse ruhig zu halten, werden die Höhleneingänge mit Gittern gesichert.

wintern in Scharen in der Aeolus-Höhle in Vermont. Im Sommer fliegen sie bis zur kanadischen Grenze und in das Küstengebiet bei Boston. Den Streckenrekord hält eine Zwergfledermaus, die in 70 Tagen aus der Ukraine 1150 Kilometer weit in eine südbulgarische Höhle flog. Auf ihrem Zug überqueren diese kleinen Flattertiere selbst 2000 Meter hohe Gebirgspässe.

Blindflug. Fledermäuse finden sich in absoluter Finsternis zurecht. Diese Fähigkeit verdanken sie ihrem Ultraschallpeilsystem. Sie stoßen rasch aufeinander folgende Schreie im Ultraschallbereich zwischen 30 000 und 80 000 Hertz aus. Ohne Spezialmikrofon sind sie für menschliche Ohren nicht zu hören. Diese Peillaute erzeugen wie jeder Schall ein Echo. Daraus gewinnen die Fledermäuse ein sehr genaues Hörbild ihrer Umgebung. Fäden von weniger als einem halben Millimeter Durchmesser umfliegen sie. Hochgeworfene Münzen können sie von Insekten unterscheiden. Überdies haben sie ein besonders gutes Gedächtnis für das Hörbild eines Raums.

Wenn sie durch einen bekannten Raum fliegen, stoßen sie nur ganz wenige Peillaute aus. Sie fliegen nach dem Gedächtnis. So kann es vorkommen, dass eine Fledermaus einem Besucher in die Haare fliegt, weil er da, wo er steht, eigentlich nicht hingehört. Solche Begegnungen

Fledermäuse fliegen nahezu geräuschlos. Sie sind äußerst hellhörig. Mit Ultraschalllauten peilen sie ihre Beute an. Die einheimische Langohrfledermaus ist vom Aussterben bedroht.

führten wohl dazu, dass es viele Menschen vor den unheimlichen Nachtgespenstern graust. In den Sagen von unheimlichen Höhlentieren spielen Fledermäuse aber so gut wie keine Rolle. Das mag wohl auch daran liegen, dass sie früher viel häufiger waren und zum Dorfleben gehörten, nicht anders als Schwalben und Mäuse.

Auf einem Abendspaziergang in in einem kleinen Städtchen an der Adria hörten wir eigenartige Klopfgeräusche, die offenbar von den Dächern der am Straßenrand geparkten Autos kamen. Um die Straßenlaternen machten Fledermäuse Jagd auf Nachtschmetterlinge. Wir sahen, dass sich die Schmetterlinge fallen ließen, sobald sich eine Fledermaus näherte. Offenbar

hörten die Insekten die Peillaute der Nachtjäger, klappten die Flügel ein und ließen sich fallen, manche auf ein Autodach. Plopp, plopp! Offenbar funktioniert die Verteidigung der Gejagten gegen das Orientierungssystem Ultraschallortung der Jäger.

Viele Fledermausarten sind heute vom Aussterben bedroht. Es genügt nicht, sie unter Naturschutz zu stellen. Während der kalten Jahreszeit werden die Fledermaushöhlen durch ein Gitter verschlossen. Die Tiere können dann immer noch ungehindert aus und ein fliegen, Störenfriede werden fern gehalten. Jede Störung führt dazu, dass die Tiere aufwachen und Energie verbrauchen. Damit nimmt ihre Chance, den

Guacharos sind bussardgroße Vögel, die ihre Jungen in Höhlen großziehen. Sie kommen in den Höhlen des nördlichen Südamerika und den angrenzenden Karibikinseln vor.

Winter ohne zu verhungern zu überstehen, mit jeder Störung ab.

Guacharo. Alexander von Humboldt begegnete auf seiner Forschungsreise durch die Tropen Südamerikas im Jahre 1799 den Guacharo, bussardgroßen Vögeln, die in großer Zahl in geräumigen Höhlen des tropischen Waldgebirges leben.

Die Höhle und die Vögel selbst beschreibt er so präzise, dass wir einen Film über Guacharos gewissermaßen nach einem Drehbuch von Alexander von Humboldt gestalten konnten. Hier sein Text: »Die Cueva del Guacharo öffnet sich im senkrechten Profil eines Felsens. Der Eingang ist nach Süd gekehrt; es ist eine Wölbung 80 Fuß breit und 70 Fuß hoch. (...) Die Pflanzenpracht am Höhleneingang dringt sogar in den Vorhof der Höhle ein. Sie hört erst 30 bis 40 Schritte vom Höhleneingang auf. (...) Da, wo das Licht zu verschwinden anfängt, hört man das heisere Geschrei der Nachtvögel, die, wie die Eingeborenen glauben, nur in diesen unterirdischen Räumen zu Hause sind. Der Guacharo hat die Größe unserer Hühner, die Stimme der Ziegenmelker ..., die Gestalt der geierartigen Vögel mit Büscheln steifer Seide um den krummen Schnabel (...).«

Bei anderer Gelegenheit beschreibt Humboldt den Guacharo, auch »Fettvogel« genannt, als

eigene Art, Steatornis caripense: »Der Guacharo verlässt die Höhle bei Nacht, vor allem bei
Mondschein ... Er frisst harte Samen und
Früchte. (...) Schwer macht man sich einen Begriff von dem furchtbaren Lärm, den Tausende
dieser Vögel im dunklen Innern dieser Höhle
machen. (...) Das gellende, durchdringende Geschrei der Guacharos hallt wieder vom Felsge-
wölbe, und aus der Tiefe der Höhle kommt es
als Echo zurück.«

Humboldt berichtet, wie die Einwohner des
Dorfes Caripe jedes Jahr am Johannistag Tausende dieser Vögel totschlagen, vor allem die
Jungen, weil ihr Bauchfell stark mit Fett durch-
wachsen ist.

»Man lässt das Fett der jungen, frisch getöteten
Vögel am Feuer aus und gießt es in Tongefäße.
(...) Dieses Guacharoschmalz oder -öl ist hell
und geruchlos und so rein, dass es länger als ein
Jahr aufbewahrt werden kann. Vor allem in der
Klosterküche von Caripe wurde kein anderes
Fett gebraucht. (...) Die Menge des gewonne-
nen Öls steht mit dem Gemetzel, das die India-
ner alle Jahre in der Höhle anrichten, in keinem
Verhältnis.«

Da Humboldt ein hoch geachteter Mann war,
hat er die Wende bewirkt. Aus dem verteufel-
ten, allenfalls nutzbaren Vogel wurde er zum
Naturwunder.

In der Warteschleife. Der erste große Saal, der
Humboldt-Saal, ist die Rundflugstrecke, in der
die Vögel am Abend mit lautem Geschrei krei-
sen, bis es draußen dunkel genug ist. Dann fliegen sie im Schwarm hinaus und suchen im
Wald Ölfrüchte tragende Bäume, darunter auch
Ölpalmen. Mit vollem Kropf kehren sie zurück,
um ihre Jungen zu füttern. Hoch oben auf Fels-

simsen sitzen die Jungvögel und schreien aus
Leibeskräften, um die Eltern anzulocken. Wie
durch ein Wunder schaffen es die Eltern, ihre
eigenen Jungen aus dem alles erfüllenden Krei-
schen herauszuhören. Sie füttern sie mit halb
verdautem Fruchtfleisch. Vieles fällt zu Boden,
vor allem die Kerne. Wahre Berge solcher Fut-
terabfälle bedecken den Höhlenboden.

Mitesser stellen sich ein. Die zutraulichen
Höhlenratten, Muchileros genannt, und zahllose Tausendfüßler, Käfer und Asseln. Die Wände
sind wie tapeziert mit flügellosen Heimchen.
Das Leben hat von der Höhle, die so viel Nahrung spendet, Besitz ergriffen.

Am Tag ist es, abgesehen von einzelnen Orien-
tierungsschreien, recht ruhig. Nur der Höhlenbach rauscht zwischen den Kompostbergen
und der Höhlenwand dem Eingang zu. Für uns,
die wir mit Temperaturen von neun Grad Celsius in Höhlen rechnen, ist die Guacharohöhle
mit 18 bis 20 Grad und fast hundertprozentiger
Luftfeuchtigkeit beklemmend warm.

Die Höhle dahinter. Mit Badehose, dünnem
Overall, griffigen Schuhen und leichtem Helm
sind wir äußerst beweglich. Aber selbst so
leicht bekleidet, bricht uns schon nach kurzer
Zeit der Schweiß aus allen Poren. Aber das ist
der Preis dafür, dass wir tiefer die Höhle eindringen wollen, hinter die Hallen der Guacharos.

Der Gang wird eng und niedrig. Gebückt gehen wir im Höhlenbach, verscheuchen dabei
einige kleine, welsartige Fische und stehen
schließlich in einem etwas höheren Raum vor
einer schrägen Spalte, aus der ein Bach kommt.
Unser Kameramann vertauscht die große,
schwere Bolex-Pro-Kamera gegen die kleine

Mitten im Urwald öffnet sich
das gewaltige Portal der Cueva
de los Guacharos im Kalkfels
einer Talwand.

Federwerksbolex. Sie passt, gut gepolstert, in eine Essiggurkenbüchse heimischer Provinienz. Das Ganze, verklebt und verschnürt, ist tauchtauglich.

Wir liegen bis zu den Schultern im Wasser, der Kopf lässt sich kaum bewegen; er steckt schräg wie in einer Führungsschiene im Spalt. Zum Glück ist die Strecke nicht lang und die Belohnung für die beklemmende Halbtaucherei schon zu sehen. Weiße, schimmernde Tropfsteine, die aus dem Wasser aufsteigen. Große Kalzitkristalle, die im Licht aufblitzen. Über einen Sinterhügel rieselt glasklares Wasser von Becken zu Becken. Wir stehen und staunen.

Das Schwitzen ist vergessen, und der schräge Spalt. Wir setzen das Licht, die Kamera läuft und fängt, wie wir später sehen, faszinierende Bilder aus einer Zauberwelt ein.

Wir schwitzen nicht mehr, es scheint kühler zu werden. Das Bedürfnis nach frisch gebrühtem, heißem, starkem, venezolanischem Kaffee wird immer stärker. Draußen vor der Höhle am Kiosk gibt es das. Doch die alte Höhlengängerweisheit gilt auch hier: Wer hinten in der Höhle ist, hat die Hälfte des Wegs noch vor sich.

Wo es damals den kleinen Kaffeekiosk vor der Höhle gab, steht heute ein respektables Forschungsinstitut, das den Schutz der Guacharo-Höhle garantiert und damit das Leben dieser Vögel. Man hat inzwischen erkannt, wie Wald und Guacharo voneinander abhängen. Ohne die Ölbäume im Wald gäbe es die seltenen Guacharo nicht. Und umgekehrt verlieren die Guacharo manchen Samen auf ihrem Weg zur Höhle und sorgen so dafür, dass der Wald in seiner Vielfalt erhalten bleibt.

Salangane. Berühmt sind die Nester der Verwandten unserer Mauersegler aus den Höhlen Borneos. Als Schwalbennestersuppe kommen die durchsichtigen Nester auf den Tisch des »Feinschmeckers«. Dass sie unappetitlich aussehen, spielt für den Gourmet ostasiatischer Prägung offenbar keine große Rolle. Die Nester der Salangane bestehen in erster Linie aus eiweißreichem Speichel, der, zu einer kleinen, napfförmigen Mulde geformt, dem einzigen Jungen des Vogelpaars als Nest genügt. Sobald die Nester erhärtet sind, kann man sie ernten. Den Kot und die schmutzigen Federn kann man ja abwaschen und die schmarotzenden Wanzen und andere Insekten, die sich im Nest herumtreiben, wegputzen.

Auf schwankenden Leitern und an Seilen steigen die Eingeborenen unter die Höhlendecke, um die Speichelnester abzuschneiden. Unten werden sie gesammelt, ausgeklopft und auf den Markt gebracht. Die Suppe aus den frischen Nestern schmecke fad, so berichten Kenner. Sie enthalte allenfalls ein paar Brustfedern. Die älteren, dunkleren Nester seien aromatischer.

Besucher der mitunter riesigen Räume der Höhlen im Westen Borneos berichten von Tausenden Fledermäusen und einer vergleichbaren Zahl an Salanganen im gleichen Höhlensystem. Beide Gruppen orientieren sich mithilfe von Schall- und Ultraschallsignalen. Die Orientierungslaute der Fledermäuse sind für uns unhörbar. Die Salangane finden sich mit rasselnden Schnalzlauten zurecht. Sobald die Vögel aus der dunklen Höhle ins Licht fliegen, brechen ihre für uns hörbaren Laute ab. So leben zwei recht unterschiedliche Tiergruppen in derselben Höhle dicht beieinander, ohne sich zu behelligen. Die einen, die Fledermäuse, sind Nachtjäger. Sie verlassen die Höhle, wenn es dunkel wird. Die anderen, die Salangane, jagen am Tag. Überdies jagen sie unterschiedliche Insekten.

Guano. Obwohl die Nester der Segler auf der Speisekarte stehen und oft genug auch die Fledermäuse, versucht man sie in möglichst großer Zahl zu erhalten. Denn der stickstoffreiche Guano, der Kot, der den Höhlenboden bedeckt, ist als Düngemittel sehr gefragt. Die Kothaufen sind von unzähligen Tieren belebt, Insekten und Hundertfüßlern, aber auch Schlangen und Ratten, die alles vertilgen, was an organischen Stoffen, tot oder lebendig, von der Decke fällt. Dazu kommt ein infernalischer Ammoniakgestank. Das alles zusammen macht diese Höhlen unvergesslich.

Grottenolm. Die Einheimischen in den Karstgebirgen Sloweniens kennen diese Lurche seit altersher. Einst hielt man die 20 bis 30 Zentimeter langen Tiere mit dem aalförmigen Körper und dem platt gedrückten Ruderschwanz für junge Lindwürmer. Die Tiere mit der nackten, weißlichen Haut, durch die das rote Blut schimmert, und den blinden Augen galten ganz einfach als Drachenbrut. Wenn der väterliche Unhold in der Tiefe tobt, dass alle Quellen überschäumen, werden die jungen Lindwürmer ans Tageslicht gespült. So der Volksglaube. Tatsächlich werden die Grottenolme bei Hochwasser ausgeschwemmt. Ein schlüssiger Beweis

In den Karstgebieten Sloweniens und Kroatiens lebt ein bemerkenswertes Amphibium, der Grottenolm – ein echtes Höhlentier.

für jeden, der bereit ist, an Drachen zu glauben. Merkwürdig bleibt es aber dennoch, dass nie einer den alten Drachen gesehen hat.

Weiße Würm' im Wulfbach. Auf der Donauseite der Schwäbischen Alb weiß man seit langem von den merkwürdigen, großen weißen Würmern, die es in den Höhlen im fernen Herzogtum Krain geben soll. Warum nicht auch in den Quellen und Höhlen des Donautals? Walter Eisele, mein Freund und erfahrener Höhlenforscher, erzählte eine bemerkenswerte Geschichte dazu, so, wie er sie von seinem Versuchsmechaniker erfahren hatte. Der Mechaniker wiederum bezog sich auf einen steinalten Bauern aus der Gegend von Mülheim an der oberen Donau. Der Bauer wusste zu berichten, dass aus der Wulfbachquelle am Hang gegenüber nach einem starken Hochwasser weiße Würm' herauskämen.

Für Höhlenforscher ein Alarmsignal: Weiße Würm' aus einer Höhlenquelle, wenn das keine Olme sind! Schnell ist die gedankliche Brücke vom Karstgebirge in Slowenien zur verkarsteten Schwäbischen Alb geschlagen. Fridingen gehörte bis zur Zeit Napoleons zu den vorderösterreichischen Donaustädten und auch das Herzogtum Krain war damals österreichisch. Könnte nicht eine Gräfin von Windischgrätz, die hier und dort ihre Besitzungen hatte, im Handgepäck ein paar Olme mitgebracht haben? So sicher kann man da nicht sein. Man wusste auch, dass die Olme manche Mühsal überstehen. Ob aber die Olme in den kühleren, nahrungsarmen Gewässern der Schwäbischen Alb eine Überlebenschance haben, ist mehr als fraglich.

Allein der Gedanke, dass es in einer Albhöhle ein paar überlebende Olme geben könnte, war,

ob Wahrheit oder Legende, für unternehmungslustige, junge Höhlenforscher faszinierend genug und der Fall Wulfbacholm viel zu interessant, um ihn nicht weiterzuverfolgen.

Die Wulfbachquelle ist, wie man inzwischen weiß, der Ausgang einer über sechs Kilometer langen, wasserdurchflossenen Höhle. Ein Team äußerst einsatzbereiter Höhlenforscher hat erst vor wenigen Jahren in mühseliger und gefährlicher Arbeit dieses Höhlensystem begangen und vermessen. Zurzeit ist die Wulfbachhöhle die längste begangene Höhle der Schwäbischen Alb.

Wir Mannen um Walter Eisele und Ottfried Bänisch kannten damals, um 1960, von dieser Höhle nur den Quellbereich. Unsere Ausrüstung war aus heutiger Sicht äußerst dürftig. Keinesfalls wären wir mit den Temperaturbedingungen in der Höhle und den langen, schwierigen Tauchstrecken fertig geworden. Aber dafür war die Begeisterung umso größer. Statt im Wasser tauchend vorzustoßen, hatte sich die Gruppe darauf spezialisiert, im Zweifelsfall den Quellaustritt tiefer zu legen, um das aufgestaute Wasser abfließen zu lassen.

Wir buddelten Tag um Tag, um das Bett des Quellbachs auszuräumen. In der Falkensteiner Höhle hatte sich diese Methode bewährt. Warum sollte es am Wulfbach anders sein? Der Wasserspiegel senkte sich, aber ohne zu tauchen war nichts zu machen. Hans Matz, unser bestausgerüsteter Mann, und Martin Kolb, unter uns der Unerschrockenste, nahmen sich der Taucherei an. Während Hans sich in seine Taucherkluft hüllte und die Pressluftflaschen überprüfte, zog sich Martin bis auf die Badehose aus, Luftflasche unter den Arm, Mundstück rein, Taucherbrille vor die Augen und dann ab in die unerforschte Wasserhöhle. Wassertemperatur: plus acht Grad Celsius!

Um die 60 Meter hat er damals geschafft, dann wurde es so eng, dass er nicht weiter vorankam. Der schlankere Hans schaffte ein paar Meter mehr, aber dann versperrte ihm ein chaotischer Deckenbruch den Weg. Blau gefroren und glücklich kam Martin zurück, Hans dagegen zwar in bester Verfassung, aber doch recht enttäuscht. Uns wurde rasch klar, dass wir mit unseren Klamotten keine Chance hatten, den Olmen auf die Spur zu kommen. Man fand sie übrigens auch später nicht, als die Höhle in ihrer ganzen Länge durchtaucht und erforscht war.

Der bleiche Olm. Nicht nur den Bauern in Slowenien und uns machte der Grottenolm Kopfzerbrechen. Auch die Zoologen hatten ihre liebe Mühe mit ihm. Weit und breit im Tierreich hat der Olm keine Verwandten. Zwar gleicht er in vielem einem Molch, nur sind seine Beine viel weiter auseinander gerückt. Auch die blutroten Kiemen behält der Olm sein Leben lang und bildet sie nicht, wie die Molche beim Übergang vom Larvenstadium zum voll entwickelten Tier, zurück.

Am nächsten verwandt sind die Grottenolme mit den Furchenmolchen, die im Osten der Vereinigten Staaten und in Kanada vorkommen, und mit den nordamerikanischen Höhlensalamandern, die wie die Olme ihr ganzes Leben lang Kiemen behalten.

Im Höhlenlabor. Was aber ist, wenn ein Grottenolm ans Licht kommt? Im Höhlenlaboratorium von Moulis im Departement Ariège haben Albert Vandel und seine Mitarbeiter die Entwicklung des Grottenolms untersucht. Larven,

die aus Eiern schlüpften, die im Dunkeln gehalten wurden, waren am ganzen Körper eisengrau gefärbt. Ihre schwarzen Augen waren deutlich zu erkennen. Obwohl die Larven auch weiterhin in völliger Dunkelheit aufgezogen wurden, behielten sie zunächst das dunkle Pigment. Erst nach einem Jahr bleichten sie aus. Das Auge wuchs noch eine Zeit lang mit, dann bildete es sich zurück. Die Linse verschwand, die Haut über dem Auge wurde dicker. Am Ende war es kaum mehr zu erkennen.

Sorgte man dafür, dass sich die Eier im Licht entwickelten, zeigten sich erhebliche Unterschiede: Das dunkle Pigment blieb erhalten und wurde dichter und dichter, das Auge entwickelte sich zu einem leistungsfähigen Sinnesorgan mit einer großen Linse. Nur ein dünnes Häutchen überzog es noch.

Offenbar gibt es einen engen Zusammenhang zwischen Lichteinwirkung und Entwicklung von Hautfarbe und Auge oder, andersherum betrachtet, die Lichtlosigkeit führt dazu, dass die Olme schließlich weiß und blind sind.

Anpassung im Laufe der Zeit. Im Höhleninneren verändern sich die Lebensbedingungen auch im Laufe langer Zeiten viel weniger als an der Erdoberfläche. Mit geringen Schwankungen der Wassertemperatur und des Nahrungsangebots, auch Schwankungen der Strömung wird der Olm fertig. Auch auf ein wenig Licht kann er sich einstellen. Dass er gefärbt zur Welt kommt und später Augen auszubilden vermag, zeigt, dass seine Urvorfahren noch unter der Sonne lebten. So gesehen ist der Grottenolm ein lebendes Fossil. Seine oberirdisch lebenden Vorfahren sind längst ausgestorben im Konkurrenzkampf mit anderen Tierarten oder als Opfer der wechselnden Klimabedingungen an der

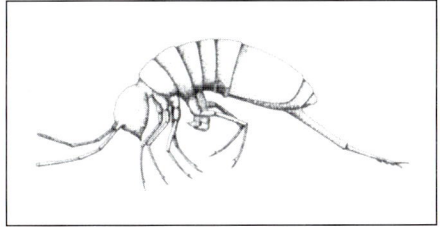

Springschwanz

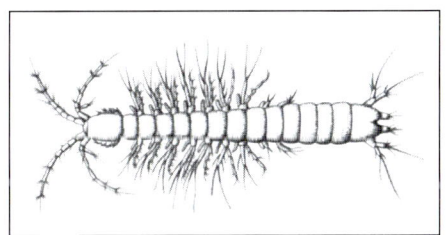

Grundwasserkrebs Bathynella

Brunnenkrebs (1), Blinder Höhlenfisch (2), Höhlenheuschrecke (3), Höhlenskorpion (4)

Diese Höhlentiere zeigen, obwohl sie unterschiedlichen Tiergruppen angehören, die typischen Merkmale der Anpassung an ihren lichtlosen Lebensraum. Alle haben einen hoch entwickelten Tastsinn, auch der fühlerlose blinde Höhlenfisch. Sie sind weitgehend pigmentfrei. Die Höhlenheuschrecke und der Höhlenskorpion haben lange Fühler und tastempfindliche Beine.

Erdoberfläche. Übrig geblieben sind erstaunlicherweise die »armen Verwandten« im gleich bleibenden Untergrund.

Höhlengarnelen. Auch bei anderen Tierarten lassen sich solche Zusammenhänge erkennen. Die Höhlengarnelen, etwa drei Zentimeter lange Krebse, sind ebenfalls farblos. Die Augen sind bei den Jungtieren noch gut entwickelt. Später werden sie zwar zurückgebildet, doch der Sehnerv bleibt intakt. Die erwachsenen Tiere nehmen den Lichtschein einer Taschenlampe wahr.

Wenn sie der Lichtstrahl trifft, zucken sie wie im Schock zurück, um blitzschnell zu fliehen.

Ähnlich wie beim Grottenolm ist auch bei den Höhlengarnelen der Tastsinn hervorragend ausgebildet. Ihre langen Fühler, ein typisches Kennzeichen für viele Höhlentiere, sind unablässig in Bewegung, wenn sie langsam durch den Schlamm der Höhlentümpel schreiten. Mit ihren behaarten Scheren fegen sie den Schlamm zusammen, um ihn mitsamt den kleinen Pflanzenteilen zu fressen.

Höhlenfische. Die Höhlenfische aus der Mammoth Cave in Kentucky sind bleich und augenlos. Auch bei ihnen ist der Tastsinn hervorragend ausgebildet. Die Jungen, die wie bei den nahe verwandten Guppys, lebend zur Welt kommen, haben zunächst noch Augen, die später verkümmern.

In südamerikanischen Höhlen leben nahe Verwandte der Höhlenfische aus Kentucky. Blinde Höhlenwelse gibt es in Afrika und Südamerika. In kubanischen Höhlen lebt der 13 Zentimeter

lange, blinde Gebärfisch, in den Küstenhöhlen Kaliforniens eine Meergrundel, die in der Jugend noch Augen besitzt.

Leuchtorgane, wie sie viele Tiefseetiere ausgebildet haben, besitzt keine einzige Art unter den Höhlenfischen. Auch solche nicht, die eindeutig von Tieren abstammen, die aus der Tiefsee in die Höhlen eingewandert sind.

Ein bemerkenswerter Sonderfall sind die Glühwürmchen der Waitomo Cave und anderen

In der Waitomo Cave in Neuseeland fahren die Besucher im Kahn unter dem »Sternenhimmel« der Pilzmückenlarven.

Brandung und Gezeiten brechen Zugänge zu küstennahen Höhlensystemen auf. So können Meerestiere in die Höhlen gelangen.

Höhlen Neuseelands. Es handelt sich bei ihnen um räuberische Pilzmückenlarven. Diese durchsichtigen wurmähnlichen Tiere spinnen einen Laufgang an der Decke und meterlange klebrige Seidenfäden, die wie Leimruten von der Höhlendecke hängen. Mit dem Hinterende ihres Körper erzeugen sie ein bläuliches Licht. Dieses Licht entsteht, wenn der energiereiche Stoff, Luziferin, durch ein Enzym, die Luziferase, abgebaut wird.

Das Leuchten lockt Insekten an, Mücken und Nachtschmetterlinge vor allem. Sie fliegen in den Höhlenraum hinein, steuern auf die Lichter zu und bleiben an den klebrigen Seidenfäden hängen. Die Pilzmückenlarven ziehen die Fäden mitsamt der Beute hoch, fressen sie auf oder wickeln sie als Vorrat ein.

Jameos del Agua. Im küstennahen Bereich gibt es unter den Höhlentieren auch einige Meerestiere, die völlig an die Lebensbedingungen in der Höhle angepasst sind. Wahrscheinlich war ihnen der Rückweg ins Meer versperrt.

Ein Beispiel dafür sind die Salzwasserkrebse aus der Höhle Jameos del Agua an der Küste der Insel Lanzarote. Die Höhle ist vulkanischen Ursprungs. Zurzeit besteht eine Verbindung zum Meer. Durch die Gezeiten wird Plankton in das Höhlenwasser gespült. Ausreichend, um eine große Zahl fingernagelgroßer weißer Krebse zu ernähren. Ob diese weißen Krebse, ohne ein dunkles Pigment zu besitzen, aus der dunklen Tiefsee eingewandert sind oder ob sie erst in der dunklen Höhle ihre Farbe verloren, ist schwer zu sagen.

Hunger und Überfluss. Die Fähigkeit, Hungerzeiten durchstehen zu können, ist für viele Höhlentiere entscheidend. Der Grottenolm

kommt bis zu drei Jahre ohne Nahrung aus. Ein Höhlenfisch überlebt zwei Jahre ohne zu fressen. Nicht alle Höhlentiere sind aber so begabte Hungerkünstler. Manche fressen sogar mehr als ihre oberirdischen Verwandten. Sie werden auch größer als diese. Allerdings sind diese »Vielfraße« auf Dauerzufuhr angewiesen, das heißt auf Nahrung, die von der Erdoberfläche in die Höhlen gelangt: Holz, Gras, Blätter, Wasserpflanzen aller Art und Wassertiere, wie sie vor allem das ungefilterte Wasser eines versickerten Flusses mitbringt. Eingeflogene Insekten, Kadaver von Tieren, die sich in die Höhle verirrten oder in einen Schacht stürzten, liefern hochwertige Nahrung. Selbst Fledermauskot findet Abnehmer.

Dass es eine Nahrungsproduktion in der dunklen Höhle selbst gibt, war lange Zeit undenkbar. Man wunderte sich zwar, wie gut sich die Olmlarven entwickeln, die außer dem Schlamm des Tümpels, in dem sie lebten, nicht viel zu fressen bekamen. Auch junge Höhlenflohkrebse sind offenbar in der Lage, sich einige Zeit vom Schlamm der Pfützen zu ernähren. Junge Höhlenflohkrebse, denen man hochwertiges Futter zu fressen gibt, aber den Lehmschlamm entzieht, gehen sogar zugrunde. Offenbar bekommt der Höhlenlehm den Tieren gut, ja er scheint richtig nahrhaft zu sein.

Nahrhafter Lehm. Jungen Olme, die man ein Jahr lang mit Höhlenlehm füttert, wachsen in dieser Zeit von 20 auf 60 Millimeter heran. Ein Forschungsprogramm im Höhlenlaboratorium von Moulis brachte die Erklärung für diese Merkwürdigkeit. Man fand im Höhlenlehm Viren, Bakterien und Einzeller. Das war offenbar die rätselhafte Kraftnahrung. Aufregend war die Entdeckung einer Eisenbakterienart, die man fast überall im Lehm der Höhlen fand.

Nicht nur auf der Oberfläche, sondern auch mitten in den Lehmablagerungen auf der Höhlensohle entdeckte man diese Mikroben. Offenbar verfügen die Lehmbakterien über die Fähigkeit, selbst im Innern des Lehms zu überleben und darüber hinaus sogar zu wachsen und sich fortzupflanzen. Sie oxidieren das im Lehm enthaltene Eisen. Durch diesen Prozess wird Energie gewonnen, die von den Eisenbakterien zum Aufbau organischer Substanz genutzt wird.

Demnach sind nicht alle Höhlentiere, wie man früher meinte, ganz und gar auf die Zulieferung von Nahrungsstoffen aus der sonnigen Außenwelt angewiesen. Die Höhlenlehmbakterien sind das erste Glied einer Nahrungskette in der Höhle selbst, die unabhängig vom Leben der Außenwelt ist.

Zwei Höhlenkäfer. Interessant sind die Beobachtungen an zwei Käfergruppen: an alles fressenden Aaskäfern und Fleisch fressenden Laufkäfern.

Die erste Überraschung erlebte man bei der Aufzucht von Höhlenaaskäfern. Das Weibchen legte nur ein einziges, außergewöhnlich großes Ei. Aus diesem Ei schlüpfte eine einzige Larve. Diese Larve fraß nicht, sie lief auch nicht weg, sondern umgab sich rasch mit einem Lehmgehäuse, in dem sie sich verpuppte und nach wenigen Tagen schon als fertiger Käfer zum Vorschein kam.

Trotz großer Schwierigkeiten gelang es, auch einen Höhlenlaufkäfer im Labor zur Fortpflanzung zu bringen. Die Überraschung war vollkommen, als man feststellte, dass auch das Laufkäferweibchen nur ein einziges, großes Ei legte, aus dem eine Larve schlüpfte, die sich ebenfalls schon nach wenigen Tagen mit einem

Lehmgehäuse umgab, aus dem schon bald der fertige Käfer schlüpfte.

Die Parallele ist unübersehbar. Zwei verschiedene Käfergruppen haben sich, unabhängig voneinander, unter denselben Bedingungen auf fast dieselbe Weise an das Höhlenleben angepasst.

Die Beschränkung auf ein einziges, großes Ei ist von erheblichem Vorteil für die jeweilige Larve. Ihr werden die Schwierigkeiten abgenommen, sich ihren ersten Lebensunterhalt selbst zu beschaffen. Offenbar können das die voll entwickelten Insekten, die Käfer, besser. Den Luxus allerdings, so große und nur so wenige Eier zu entwickeln, können sich die Höhlenkäfer nur deshalb leisten, weil sie in der lichtlosen Tiefe keine Feinde haben.

Je mehr man über Höhlentiere und ihr Leben weiß, umso deutlicher wird auch, dass sie sich in vieler Hinsicht deutlich voneinander unterscheiden. Durchaus nicht alle sind blind, weiß und kleiner als ihre oberirdischen Verwandten, schon gar nicht alle sind kälteliebend. Ja, manche Höhlentiere gehören Gruppen an, deren oberirdischen Verwandten für ihre Wärmebedürftigkeit besonders bekannt sind, wie beispielsweise Heuschrecken und Käfer, aber auch Schlangen und Fische.

Eiskalte Verwandtschaft. Zu den Kälte liebenden Arten zählen Strudelwürmer, deren Vorfahren während der Eiszeit im Schmelzwasser der Gletscher lebten. Ihre Verwandten gibt es heute noch in den Polargebieten und im Hochgebirge.

Als sich nach der Eiszeit die Flüsse vom Unterlauf her immer mehr erwärmten, zogen sich die Strudelwürmer in die Quellregionen zurück, ja

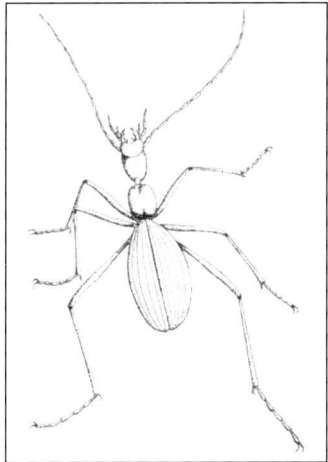

Höhlenlaufkäfer

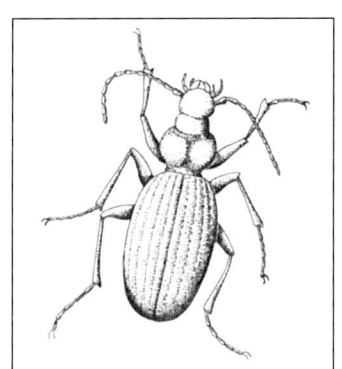

Höhlenaaskäfer

Eine lange Entwicklungsgeschichte hat dieses
Höhleninsekt, der Doppelschwanz.

Doppelschwänzig durch die Jahrmillionen

Etwa 450 verschiedene Tierarten sind bis heute aus den Höhlen der Schwäbischen Alb bekannt geworden, seit der Tübinger Geologieprofessor F. A. Quenstedt 1864 als Erster auf die Existenz von Lebewesen »im dunkelsten Hintergrunde« der Falkensteiner Höhle aufmerksam machte und damit die Erforschung der unterirdischen Fauna Baden-Württembergs einleitete.

Dass diese Arbeit keineswegs abgeschlossen ist, dass es für einen Biologen immer noch geradezu »traumhafte« Erlebnisse geben kann, zeigte sich am 28. Juni 1963 dem »Schlüsselbevollmächtigten« und Betreuer der Höhle. Als Forstmann brachte er die nötige Geduld und das Verständnis für die Exkursion mit, die einer Überprüfung der von Lampert 1908 mitgeteilten Tierfunde gelten sollte. Stundenlang hatten wir, meist auf dem Bauch kriechend, wohl jeden Winkel und Tropfstein, jede Spalte und Pfütze sorgfältig abgesucht, als wir verschwitzt, schmutzig und erschöpft am Ende der Höhle eine Pause einlegen wollten. Ich stellte die Karbidlampe zur Seite, schaute

noch beim Hinsetzen zufällig auf die im Lichtkegel schwach glänzende Höhlenwand. Vorbei war alle Müdigkeit. Da krabbelten doch mehrere äußerst fremdartige, schlanke und fast weiße Insekten über den nassen Lehm! Auf und ab bewegten sie die langen zarten Fühler, noch auffallender waren ihre zwei eigentümlichen, fadenförmigen Fortsätze am Hinterleib! Sollte es sich um echte Höhlentiere handeln? Die äußeren Merkmale sprachen dafür. Immerhin war bekannt, dass es in Deutschland landbewohnende Arten dieser hoch spezialisierten, urtümlichen Insektengruppe gibt. Ausgesprochene Raritäten allerdings. Bevor die winzigen, nur drei bis acht Millimeter großen Tierchen in einer Spalte verschwinden konnten, tupfte ich vier von ihnen mit dem Alkoholpinsel auf.

Erste Bestimmungsversuche im Tübinger Institut ergaben, dass es Campodeiden waren, Angehörige der so genannten »Doppelschwänze«, der Diplura, einer weit in die erdgeschichtliche Vergangenheit zurückreichenden Insektenordnung. Erst nach Monaten war die Fachliteratur beschafft und durchgesehen, doch kam ich mit der genaueren Bestimmung der merkwürdigen Höhlenlebewesen nicht weiter. Schließlich brachte ein Gutachten von Professor Bruno Condé aus Nancy Klarheit. Er, der Spezialist für diese Tier-

gruppe, stellte fest, dass es sich tatsächlich um eine noch unbekannte Art handelte. 1993 beschrieb er sie als neue Art unter dem wissenschaftlichen Namen *Plusiocampa dobati*.

Mittlerweile konnten diese Tiere in weiteren Höhlen der Schwäbischen Alb nachgewiesen werden. Nur in diesem eng umgrenzten Gebiet scheinen sie vorzukommen. Die am nächsten verwandte Art wurde in einer rumänischen Höhle entdeckt. Offenbar ist diese uralte Insektengruppe ein Relikt der Tertiärzeit.

In den Tiefen des Kalkgebirges, unberührt von den klimatischen Veränderungen der vergangenen Jahrmillionen, bei nahezu konstanten Lebensbedingungen hat der »Schwäbische Doppelschwanz« überdauert und begegnet uns heute als einmaliges Wesen aus grauer Vorzeit.

So weit ein Bericht von Dr. Klaus Dobat, nach dem das doppelschwänzige Höhlentier benannt ist.

sogar ins Grundwasser und in die unterirdischen Wasserläufe der Höhlen. Dort blieb die Temperatur für sie erträglich kühl und sauerstoffreich.

Umso verwunderlicher mag es erscheinen, dass nicht selten die Nachkommen Kälte liebender und Wärme liebender Tiere in der Höhle nebeneinander vorkommen. Die Temperatur in der Höhle ist für die einen gerade noch kühl genug und für die anderen gerade noch warm genug.

Allerdings darf man nicht annehmen, dass sich die Tiere bewusst in die Höhlen zurückzogen. Unter Tausenden von ihnen kamen wenige mit den Lebensbedingungen in der Höhle zurecht. Die Auslese der am besten geeigneten war außerordentlich hart. Schließlich lebten nur noch die höhlentauglichsten Nachfahren im unterirdischen Lebensraum. Sie wurden fast alle im Laufe der Zeit so stark verändert, dass sie nicht mehr in die Welt des Lichts zurückkehren können.

Darwins Antwort. Der große englische Biologe Charles Darwin hat sich schon Mitte des 19. Jahrhunderts Gedanken über die Anpassung der Tiere an ihren jeweiligen Lebensraum gemacht und damit über deren Entwicklung im Verlauf langer Zeit:

Selbst die Nachkommen einer Art sind im Körperbau und im Verhalten untereinander ein wenig verschieden. Es gibt Größere und Kleinere, Dunklere und Hellere, Flinkere und Bedächtigere. Einige Merkmale treten bei den Nachkommen ganz neu auf, vererben sich aber weiter. Manche dieser Änderungen sind in einem bestimmten Lebensraum von Vorteil, so in der Höhle eigentlich immer die Verbesserung des Tastsinns.

Von den unterschiedlichen Nachkommen haben die schlechter ausgestatteten Formen geringere Überlebenschancen. Tiere mit höheren Temperaturansprüchen werden beispielsweise in einer Gebirgshöhle größere Schwierigkeiten haben als ihre Artgenossen, die schon vorher in Gletschernähe gelebt haben.

Wenn die »Besserangepassten« in einem Lebensraum weitgehend unter sich sind, steigen auch die Chancen für deren Nachkommen, die für diesen Lebensraum vorteilhaften Eigenschaften der Eltern auf sich zu vereinigen. Vorteilhaft kann in der Höhle Farblosigkeit sein. Man kann sich denken, dass der Aufbau von Pigment Nährstoffe und damit Energie verbraucht, und Energie ist in der Höhle fast immer knapp. Farblose, dünnere Haut ist überdies tastempfindlicher, dies könnte sogar der entscheidende Vorteil sein.

Die Auslese der Geeignetesten erfolgt über viele Generationen, Jahrhunderttausende hinweg. So sind die heute vorkommenden Höhlentiere das derzeitige Endprodukt eines langen Ausleseprozesses.

Höhlenpflanzen. Die kleinsten sind am häufigsten, Bakterien und Pilze. Nur die wenigsten sind in der Lage, wie die grünen Pflanzen, Energie aus ihrer Umwelt zu gewinnen, um körpereigene organische Stoffe aufzubauen. Eisenbakterien gehören zu diesem Typ. Andere leben ganz ähnlich wie Pilze von organischer Substanz, als Zersetzer von Pflanzen- und Tierresten.

Wind und Sickerwasser tragen Milliarden von Bakteriensporen in die unterirdischen Hohlräume. Sie bedecken Steine und Felsblöcke mit einem schwarzbraunen Überzug. In feuchten

Im Dunkeln bilden Pilze lange Stiele und winzige Hüte.

Höhlen wird jeder Keim, der in der Luft schwebt, von Wassertröpfchen umhüllt und sinkt schließlich zu Boden, sodass die Luft fast keimfrei ist. Sicher ist das auch ein Grund dafür, dass Erkältungskrankheiten bei Höhlenfahrten viel seltener auftreten, als man zunächst annimmt.

Pilze kommen überall vor, wo organische Stoffe in die Höhle gelangen. Holzbalken und Leitern in vielen Schauhöhlen sind von Pilzfäden durchzogen. Aber selbst viele Kilometer vom Eingang entfernt, zersetzen Pilze alles, was Menschen an organischen Stoffen zurückgelassen haben. Reste der Mahlzeiten, Kleidungsstücke, ja selbst verlassene Biwakschachteln. Doch sollte man sich als Höhlengänger auf die entsorgende Wirkung der Pilze und Bakterien nicht verlassen. Für alle, die in eine Höhle gehen, gilt die Devise: »Nimm nichts mit, was in die Höhle gehört, lass nichts liegen, was da nicht hingehört!«

In den Pilzsträngen leben nicht selten winzige Tiere. Das Pilzfadengeflecht und die Fruchtkörper der Höhlenpilze sind oft anders gebaut, als man es von derselben Art aus dem Freiland kennt. Manche bilden lockere, fast kopfgroße Knollen aus; andere formen an langen Stielen nur winzig kleine Hüte aus, weil zu deren Entwicklung der nötige Lichtreiz fehlte.

In afrikanischen Höhlen und in Südamerika gibt es eine Pilzart, die eine lästige Lungeninfektion hervorruft. Als »Höhlenkrankheit«, Histoplasmose, ist sie unter den Höhlengängern der Tropen bekannt und gefürchtet. Atemschutz ist dort dringend geboten.

Faktor Licht. Im Gegensatz zu den grünen Pflanzen brauchen Bakterien und Pilze kein Licht, um leben zu können. Einige Algen kommen mit einem Zweitausendstel des vollen Sonnenlichts durch, auch einige besonders anspruchslose Moosarten brauchen nicht viel mehr. Sporenbehälter und Sporen können sie dann allerdings nicht entwickeln, da bei derart geringem Lichteinfall nicht genügend organische Substanz aufgebaut werden kann.

Farne brauchen mehr Licht. Einigen von ihnen sagt die Feuchtigkeit im Höhleneingangsbereich zu. Erheblich anspruchsvoller sind Blütenpflanzen. Aber selbst unter ihnen gibt es einige Arten, die sich fast regelmäßig im Eingangsbereich der Höhlen finden. Das Ruprechtskraut, das Milzkraut und die Goldnessel gehören dazu.

Licht in der Tiefe. Ganz erstaunlich ist der Artenreichtum rings um die Beleuchtungskörper in den Schauhöhlen, solange es dort nicht zu heiß und zu trocken ist. Neben den gallertartigen Lagern der Blaualgen gibt es Grünalgenrasen, Moose und Farne. Ihre Sporen wurden von den Besuchern in die Höhle eingeschleppt oder vom Wind eingeweht. Auf die willkommene Bereicherung des Speisezettels stellen sich die Höhlenbewohner ein, vor allem winzige, mit dem bloßen Auge eben noch wahrnehmbare, flügellose Urinsekten. Springschwänze nennt man sie, weil sie am Hinterleib ein Sprungglied haben, das wie ein gegabelter Schwanz aussieht. Was man für weißen Staub auf dem Pflanzenrasen halten könnte, sind oft ganze Scharen solcher Springschwänze.

Den natürlichen Zustand der beleuchteten Höhlen stört die Überwucherung schöner Tropfsteingebilde durch Algen und Moose ganz erheblich. Deshalb darf man sich nicht wundern, wenn man in vielen Höhlen versucht, der ungerufenen Gäste Herr zu werden. Am einfachsten wäre es natürlich, das Licht ganz abzuschalten.

Lascaux. Zu Schutz- und Bekämpfungsmaßnahmen musste man sich in der Bilderhöhle von Lascaux entschließen. Dort gefährdete der Algenbewuchs die Wandmalereien. Nur im Dunkel, bei hoher Luftfeuchtigkeit, ohne starken Luftzug blieben diese Kunstwerke über mehr als 17 000 Jahre bis heute erhalten. Der Strom der Besucher, Licht und Luftzug, Kohlendioxid und Schweiß, Bakterien und Staub wurden zur Gefahr für die Kunstwerke der Vorzeit. Man war dabei, die Bilder zu Tode zu lieben.

Marcel. Die Begeisterung des Entdeckers für die Kunstgalerie der Steinzeit habe ich noch erfahren, als ich mit ihm und drei Freunden einen Besuch in der bereits gesperrten Originalhöhle von Lascaux machen durfte. Seine Schilderungen waren so lebendig, dass man die Entdeckung der Auerochsen, Hirsche und Pferde miterlebte. Marcel … hatte als kleiner Junge zusammen mit Freunden die Höhle entdeckt. Bis zu seinem Tod ließen ihn die Bilder von Lascaux und ihr Schicksal nicht mehr los.

Jahre nach meinem ersten Besuch in Lascaux kam ich in die herrliche Dordogne zurück. Das Original war wie ein Tresor verschlossen. Nicht weit davon lag ein mächtiger grauer Betonklotz im Wald. Er umhüllt die exakte Nachbildung der Originalhöhle. In jahrelanger Arbeit hatten

Wissenschaftler, Künstler und Techniker eine Kopie der Originalhöhle hergestellt. Punkt für Punkt, Farbfleck um Farbfleck mit denselben Farbmischungen aus denselben Mineralien, die auch die Jäger der Jüngeren Altsteinzeit verwendet hatten. Die Höhle von Lascaux entstand gewissermaßen zum zweiten Mal.

Mit Fernsehkamera und Scheinwerfer ausgestattet, die richtigen Helfer dabei, wollte ich die »Ersatzhöhle« drehen. Aber da machte ich eine bittere Erfahrung: Auch Lascaux II ist inzwischen gefährdet. Unter der gleichen »Krankheit«, die Lascaux I befallen hatte, leidet nun auch Lascaux II. Dieselben Farben in derselben Zusammensetzung wie das Original – wie hätte es anders kommen sollen – waren genauso anfällig wie die Vorbilder. Man hatte wohl eine Stufe zu genau kopiert.

Nur mit einer Sondergenehmigung durfte ich gerade mal drei Minuten mit nur einem Scheinwerfer, dessen Licht keine UV-Anteile enthalten durfte und nicht mehr als 300 Watt leistete, drehen. Im wandernden Lichtkegel leuchteten die Bilder auf, um wieder zu verschwinden. Das Entdeckererlebnis von Marcel wurde zum Film. Lutz und Philipp, meine beiden Beleuchter, waren von der Wirkung ihres wandernden Lichts sichtlich überrascht.

Wie lange Lascaux II noch besucht werden kann, wage ich nicht zu sagen. Vielleicht ist Lascaux III, vollsynthetisch und unzerstörbar, schon geplant.

Seit es in manchen Höhlen elektrisches Licht gibt, hat sich im Umkreis der elektrischen Lampen eine eigene Flora entwickelt. In unmittelbarer Nähe der Lampe ist es zu heiß und in größerer Entfernung zu dunkel.

Das rhythmische Wachstum der Moosblättchen ist auf die Höhlenbeleuchtung zurückzuführen. Im Sommer brennen die Lampen lange, dann wächst das Moos. Im Winter sind sie meist abgeschaltet, dann wird das Wachstum unterbrochen.

Höhlen entstehen

Wenn Lava erstarrt. Im Krater des Kilauea Iki auf Hawaii ist ein brodelnder, glühender Lavasee zur Ruhe gekommen und erstarrt. Nur ein braunroter Schlackenberg am Rande des Kraters erinnert noch an die feurige Lavafontäne, die wochenlang wie eine riesige Fackel über dem Hochland leuchtete. Der Druck in der Tiefe hatte nachgelassen. Die Feuersäule brach in sich zusammen. Noch eine Weile strömte die Lava in Wirbeln in den glühenden Schlund zurück. Doch je mehr sie an der Oberfläche abkühlte, umso zähflüssiger und träger wurde sie, schließlich erstarrte sie völlig.

Ein Jahr später stellen die Vulkanologen des American Geological Survey einen Bohrturm auf die junge Kruste mitten in den Krater. Der Bohrer beginnt zu rotieren. Sechs Meter harte Arbeit, dann ist der Basalt durchbohrt. Der Meißel sackt durch in einen Hohlraum. Vier Meter tiefer verfängt er sich im zähen Brei 1150 Grad heißer Lava. Zwischen der Kruste, die sich wie ein Deckel über den Glutfluss spannt,

und der Lava hat sich eine einzigartige Höhle gebildet, eine von vulkanischen Gasen erfüllte Halle, die nur durch das Bohrloch mit der Außenwelt verbunden ist. Ein ungewöhnlicher Sonderfall.

Heiße Tunnel. Wenn die feuerflüssige Lava über den Kraterrand quillt und als zäher Strom hangabwärts fließt, kühlen sich die Oberfläche und die Unterseite schneller ab als das Innere des glutheißen Stroms. Schon nach wenigen Stunden kann die Oberflächenkruste so dick und stabil sein, dass man darauf gehen kann. Dabei läuft im Innern der glühende Strom weiter wie in einer großen Röhre. Selbst wenn der Nachschub aus dem Krater nachlässt, dauert es noch einige Zeit, bis die Lava am tiefsten Punkt ausgeflossen ist. Zurück bleibt eine Höhle. Sie kann in Extremenfällen die Größenordnung eines Eisenbahntunnels erreichen, so auf Hawaii und Lanzarote.

Die Wände dieser Lavahöhlen sind oft erstaunlich glatt. Ihr Boden ist meist eben und gerip-

Linke Seite: Mit 1150 Grad drängt die Lava des Ätna aus einem Tunnel und fließt in einer Rinne als feuriger Bach talwärts.

Kilometerweit fließt die Lava vom Puu Oo auf Hawaii als glühender Strom hangabwärts. Doch meist verschwindet sie nach einiger Zeit unter einer Erstarrungskruste und strömt in einem Tunnel.

pelt. Darüber spannt sich ein Gewölbe. Auffällig sind herabhängende tropfsteinähnliche Gebilde, mehr oder weniger lang gezogene Zapfen, die nicht selten untereinander durch Wülste und Rippen verbunden sind. Derartige Lavatropfsteine entstehen, solange im Tunnel Temperaturen von mehr als 1100 Grad Celsius herrschen. Dann tropft in der Hitze brennender Gase erneut aufgeschmolzene Lava von der Decke und von den Wänden. Abzugsschlote, so genannte Hornitos, schmelzen nach oben durch. Aus ihnen lodert das brennende Gas wie eine Fackel.

Nicht weit vom Kilauea Iki entfernt kann man eine über 100 Meter lange Lavahöhle besichtigen. Längst ist sie ein kühler, feuchter Raum geworden, in dessen Eingang prächtige Farne wachsen. Die Lavahöhle ist zugänglich; ihre Decke ist ein Stück weit zusammengebrochen. Im Einbruchstrichter führt ein Zickzackweg durch mächtige Lavablöcke in einen üppigen Palmenhain hinab, der den Kessel erfüllt.

Malpaes de la Corona. Lavahöhlen gibt es in allen Vulkangebieten, in denen dünnflüssige Lava gefördert wird. Berühmt ist die Cueva des los Verdes auf Lanzarote an den Hängen des Volcan Corona. Mit einer Gesamtlänge von 6,1 Kilometern und 230 Metern Höhenunterschied ist sie die längste bekannte Lavahöhle der Welt. Bei einem gewaltigen Ausbruch vor etwa 3000 Jahren entstand sie.

Einst boten ihre Hallen und Gänge den Bewohnern der Insel Zuflucht vor Verfolgung. Ge-

fürchtet waren die grausamen Sklavenjäger, die aus Nordafrika kamen, um unter den großen, meist blonden Guanchen, den Ureinwohnern der Inseln, Gefangene zu machen. Den Namen hat die Höhle aber aus der Zeit der Judenverfolgung. In ihren Schutz flüchteten sich die Juden, los Verdes genannt, weil sie grün gekennzeichnet waren, vor ihren Häschern.

Heute ist die Höhle ein beliebtes Touristenziel. Cesar Manrique, der weithin bekannte und berühmte Architekt und Künstler, hat aus dem Malpaes, dem »Schlechten Land«, ein Schmuckstück der Insel gemacht. Er verwandelte eine große Halle der Höhle in einen Konzertsaal. Die Akustik ist bemerkenswert. Das hängt nicht zuletzt damit zusammen, dass die Wände des Saals porös sind. Näher am Meer, im un-

tersten Abschnitt der Lavahöhle, liegt ein auf natürliche Weise klimatisiertes Höhlenrestaurant, eine Rarität auf der schattenlosen Insel. Jameos del Agua heißt dieser Höhlenabschnitt, was ungefähr so viel bedeutet wie Einsturz über dem Wasser.

Für die Guanchen waren die warmen Lavahöhlen nicht selten auch die letzte Ruhestätte für ihre Toten. Dort waren sie dem geheimnisvollen Feuer der Tiefe, den Göttern, am nächsten.

Gelato vom Vulkan. Am Ätna, dem 3300 Meter hohen Vulkangebirge auf Sizilien, sammelt sich in den Spalten und den ausgekühlten Lavahöhlen der Gipfelregion im Winter so viel Schnee, dass er bis zum Sommer hält. Schon im

Kalktuff bildet sich in wärmeren Zeiten, derzeit sogar in wärmeren Bächen der Schwäbischen Alb, wie hier am Glasbach.

Rechte Seite: Im Kalktuff werden Hohlräume als primäre Höhlen eingeschlossen.

Altertum wurde er in großen Blöcken gestochen, in Säcke verpackt und auf Pferde- und Maultierrücken in die Dörfer und Städte am Fuße des Gebirges gebracht. Schnee mit Fruchtsaft und Zucker gut gemischt, daraus konnte in Sizilien nichts anderes entstehen als Speiseeis, und das schon zur Römerzeit.

Scheinvulkane. Wenn sich ein Lavastrom über ein Sumpfgebiet schiebt, verdampft das Wasser unter dem vordringenden Glutfluss. Der Dampf wölbt die Lava auf, mehrere Meter hohe Blasen können sich bilden. Manche dieser Blasen platzen auf und bilden einen »Krater«. Man könnte sie für kleine Vulkane halten. Am Ufer des Myvatn, des Mückensees in Nordisland, bestimmen Dutzende derart aufgeblasener und geplatzter Scheinvulkane das Bild der Landschaft. Manche sind haushoch, in einige von ihnen kann man sogar hineinsteigen. Seit dem Ausbruch sind 250 Jahre vergangen.

In der Nähe des Myvatn gab es noch vor wenigen Jahrzehnten die lang gestreckte Höhle von Grjótagjá in einer Spalte, in der auch vulkanisch erhitztes Grundwasser aufstieg. Selbst im Winter konnte man in dieser Spaltenhöhle im heißen Wasser baden und die natürliche Höhlensauna genießen. Inzwischen wurde sie bei einem neuerlichen Ausbruch von Lava aufgefüllt.

Höhlen aus erster Hand. Der Geologe nennt Höhlen, die zusammen mit dem Gestein entstehen, primäre Höhlen; Höhlen aus erster Hand gewissermaßen. Solche Primärhöhlen gibt es nicht nur im Vulkangestein. Auch im Kalktuff bilden sich mitunter große Höhlen.

Der Glasbach am Südrand der Schwäbischen Alb ist kein normaler Bach. Das Tal, aus dem er kommt, hat einen merkwürdig ebenen Tal-

boden. Das Bachbett selbst ist nicht schön gleichmäßig ausgeräumt, ganz im Gegenteil, viele kleine Schwellen queren den Lauf, hinter denen sich das klare Wasser staut und über die Schwellen hinweg kleine Wasserfälle bildet.

An den Schwellen siedeln sich Algen an, Blaugrüne Algen, neuerdings auch als Blaugrüne Bakterien bezeichnet und Grüne Fadenalgen, daneben einzellige grünbraune Kieselalgen. In den schleimigen Umhüllungen der Bakterien- und Algenzellen bleiben winzige Kalkkriställchen hängen, die sich im Wasser bilden, sobald es sich ein wenig erwärmt. Schließlich umkrustet der Kalk die älteren Algenfäden ganz und gar, sodass sie regelrecht versteinern. Moose, an deren Blättchen und Stengeln ebenfalls Kalkkristalle hängen bleiben, verkrusten im Laufe der Zeit. Moospolster, Holzstückchen, Äste, Schneckenschalen, Laub und Gräser verfangen sich an der Barriere und versteinern ebenfalls. Selbst die Weidenbüsche und Erlen, die sich nach einiger Zeit an den flachsten Stellen der immer breiter und höher wachsenden Barriere einfinden, erleiden dieses Schicksal. So bauen sie alle mit an einer natürlichen Talsperre. Das Gestein, aus dem die Sperre schließlich besteht, ist von vielen kleinen und größeren Hohlräumen durchsetzt. Kalktuff nennt es der Fachmann.

Höhlen im Tuff. Größere Hohlräume, ja regelrechte Höhlen, in die man bequem hineingehen kann, entstehen vor allem an der steilen Vorderkante der Barriere. Dort bilden sich Wasserfälle, versprüht und verdunstet besonders viel Wasser. Hier setzt sich am meisten Kalk ab. Die Moospolster bauen kühne Vorsprünge in die Fallkante. Meterlange Algenbärte hängen über die Schwelle. Durch die Kalkeinlagerungen werden sie schwerer und brechen schließlich ab. Am Fuße der Barriere türmen sich die abgebrochenen Brocken zu einem Wall auf, der den herabhängenden Moos- und Algenbärten entgegenwächst. Schließlich ist er hoch genug, um den versteinernden Bart zu stützen. So wird hinter dem Wasserfall ein Hohlraum eingeschlossen, eine Primärhöhle im Kalktuff.

Kalktuffhöhlen sind sehr unterschiedlich groß und meist recht unregelmäßig gestaltet. Erstaunlich ist, wie trocken sie meist sind, obwohl ein Bach oder Fluss über sie hinwegfließt. Die wachsenden Algen und Moose dichten jede Spalte und Fuge ab. Wo Sickerwasser eindringt, können sich Tropfsteine bilden.

Die Olgahöhle bei Honau am Nordrand der Schwäbischen Alb gehört zu diesem Höhlentyp. Sie ist über 120 Meter lang und als Schauhöhle begehbar. Das Gefühl, unter einem Fluss hindurchzuwandern, macht den Besuch besonders reizvoll.

Weltberühmt ist der Nationalpark von Plitvice. Dort, im Hochland von Kroatien, wurden im Tal des Flusses Korana über 20 Seenbecken durch Kalktuffbarrieren aufgestaut. Auf einem Talabschnitt von acht Kilometern Länge liegen sie als 150 Meter hohe Treppe hintereinander. In rauschenden Wasserfällen stürzt das glasklare Wasser von See zu See. In diesen Kalktuffmassen verbergen sich viele kleine und größere Hohlräume.

Mächtige Kalktuffpolster können sich auch an einem Berghang unmittelbar unterhalb einer Quelle, die kalkreiches Wasser bringt, entwickeln. Auch dort bilden sich im Laufe der Zeit Kalktufflager, Wasserfälle und Höhlen. Die Wasserfälle der Schwäbischen Alb wie der Uracher Wasserfall sind schöne Beispiele dafür.

Höhlen im Riff. Primäre Höhlen sind nicht auf das Festland beschränkt. Im wachsenden Korallenriff bleiben zwischen den Korallenstöcken Hohlräume, die im Laufe der Zeit überbrückt werden. Viele davon werden völlig eingeschlossen. Die meisten bleiben für immer der Welt der Fische und Taucher vorbehalten. Wird aber ein Korallenriff über den Meeresspiegel herausgehoben oder senkt sich der Meeresspiegel, wird das Geheimnis gelüftet und die primär entstandenen Höhlen zugänglich.

Höhlen in der Brandung. Brandungshöhlen kennt man von vielen Küsten der Erde. Eine der berühmtesten ist die Fingals Cave an der Küste der Hebrideninsel Staffa. Der Komponist Felix Mendelssohn Bartholdy hat ihr einen Satz in seiner »Schottischen Symphonie« gewidmet. Aus dunklem Basaltgestein, das in sechskantigen Säulen erstarrt ist, hat die Brandung die Höhle herausgebrochen. Wie Orgelpfeifen stehen die Basaltsäulen an der Höhlenwand. Jedes abgebrochene Stück wird von der Brandung wie ein Wurfgeschoss gegen den Fels geschleudert. So wird die Höhle größer und größer, bis schließlich irgendwann einmal das Dach nachbricht und nur noch ein Portal stehen bleibt.

Brandungstore im Basalt sind auch von den Steilküsten Islands bekannt. Das Tor vor der Südküste der Insel ist ein bemerkenswertes Naturdenkmal.

Wenn die Steilküste von Spalten und Höhlen durchzogen ist, können sich unter dem Druck der Brandung Spritzlöcher bilden, aus denen das Wasser der in die Höhle hineinbrandenden Wogen unter gewaltigem Druck wie die Fontäne eines Geysirs in die Höhe schießt. Souffleur nennen die Franzosen solche Blashöhlen, Blow hole die Angelsachsen. Ziemlich kompliziert das Ganze, aber typisch für Wasserläufe im Karstland.

Karstland. Wenn die Küste aus Kalkgestein besteht, wird die Wirkung der Wurfgeschosse und des scheuernden Sandes durch die lösende Kraft des Meerwassers noch verstärkt. Damit aber wird das umfangreichste Kapitel der Höhlenkunde aufgeschlagen: die Entstehung sekundärer Höhlen als Ergebnis der Auflösung. Gegenüber ihrer riesigen Zahl sind die seither vorgeführten Höhlentypen weit in der Minderzahl.

Karsthöhlen nennt der Fachmann die Lösungshöhlen nach dem Karst, der höhlenreichen Gebirgslandschaft in Slowenien und im Umkreis von Triest. Im Karstgebirge kann man alle Erscheinungen, die mit der Höhlenbildung zusammenhängen, besonders gut studieren, aber durchaus nicht nur dort, denn schließlich werden 3,25 Millionen Quadratkilometer der festen Erdoberfläche als höhlenverdächtig betrachtet. Das sind immerhin 2,2 Prozent.

Am häufigsten findet man Karsthöhlen in den Hochgebirgen. Systeme mit gewaltigen Gängen, Schächten und Domen gibt es dort. Das gilt insbesondere für Gebiete mit mächtigem Kalkfels. Im Gebirge schneit und regnet es mehr als im Flachland, und überdies ist das Gefälle für die Gerinne im Fels viel größer. Dies allein würde aber wenig bewirken, wenn die Berge massive Kalkblöcke wären. Dann könnten die lösenden Kräfte des Wassers zwar an der Gesteinsoberfläche wirken, zur Höhlenbildung aber käme es nicht. Das abfließende und stehende Wasser frisst zwar Löcher und Rillen in den Fels, Karren genannt, aber um Höhlen entstehen zu lassen, bedarf es feiner Risse im Gestein, Fugen und Klüfte, in die das Wasser

eindringen und durch Auflösung erweitern kann.

Auflösung. Würde es sich um Steinsalz oder Gips und nicht um Kalk handeln, wäre das Wort Auflösung völlig richtig. Zwar löst sich auch ein Stück Gips nicht so leicht wie Würfelzucker auf. Man kann nicht zuschauen, wie es im Wasser verschwindet, aber nach einiger Zeit ist das Gipsstück merklich kleiner und schließlich verschwindet es ganz. Reines Wasser genügt, um die feinsten Teilchen, aus denen der Gips zusammengesetzt ist, von der Oberfläche des Gipsstücks abzuheben und wegzuschwemmen. Oder anders ausgedrückt: Die zweimal positiv geladenen Kalziumteilchen und die zweimal negativ geladenen Sulfatteilchen, aus denen Gips besteht, gehen als Ionen in Lösung.

Kalk wird von reinem Wasser kaum angegriffen. Sobald es sich aber um Regenwasser oder gar Bodenwasser handelt, ändern sich die Verhältnisse. Die winzigen Wassertröpfchen, die in der Luft schweben, nehmen bis zur Sättigung Kohlendioxid auf. So gesehen ist Regenwasser eine schwache Säure (pH 5,7), die aber aggressiv genug ist, um den Kalk, also das Kalziumkarbonat aufzulösen.

Je mehr Kohlendioxid im Wasser enthalten ist, desto stärker wird der Kalk angegriffen. Regenwasser enthält bei null Grad Celsius etwa ein Milligramm Kohlendioxid. Im Boden kann sich der Kohlendioxidgehalt auf über 19 Milligramm pro Liter anreichern. Verantwortlich für die Kohlendioxidzunahme sind Wurzeln und Bodenlebewesen, die Sauerstoff verbrauchen und als ein Endprodukt der Atmung Kohlendioxid abgeben. Kalkfels unter dickem Humus wird deshalb schneller aufgelöst als der blanke Fels.

Das Schlüssellochprofil ist das Ergebnis der Auflösung durch rasch fließendes Wasser.

Rechte Seite: In der Oberfläche des großen Inselberges Ayers Rock in Zentralaustralien haben sich tiefe Gruben gebildet. Der Wechsel von Hitze und Kälte, die Sprengkraft von kristallisierendem Kalk sowie das Sandstrahlgebläse des Wüstenwinds schaffen solche Formen, Tafoni genannt.

Klüfte. Wo sich Klüfte kreuzen, ist die Auflösung am größten. Man sieht es vielen Höhlenplänen an, wie eng sich der Höhlenverlauf und die Raumentwicklung der Höhle an die Bruchlinien im Gestein halten.

Aber nicht auf jeder Schichtfuge, auf jeder Kluft entsteht auch eine Höhle. Das Wasser hält sich an die am leichtesten durchgängigen Hohlräume, meist an die größere, glattere, steilere Röhre. Schon bald strömt es nur noch auf dem wegsamsten System. Im Laufe der Jahrzehntausende kann sich so eine große, durchgehende Höhle entwickeln.

Korrosion und Erosion. Chemische Auflösung wird Korrosion genannt. Unter Erosion versteht man die Abtragung mithilfe von Sand, Schutt und Geröll, die nicht anders verläuft als in jedem Bach oder Fluss. Es wird abgeschlagen und abgerieben.

Solange die Röhre mit Wasser gefüllt ist, kann das Wasser wie in einer Rohrleitung bergab und bergauf fließen. Der Wasserdruck muss nur groß genug sein. Solche Gänge haben meist einen rundlichen Querschnitt. Mitgeführtes Geröll schleift und scheuert schließlich eine Rinne an der Sohle aus. Im Querschnitt zeigt der Höhlengang in dieser Phase der Entwicklung ein Schlüssellochprofil. Das Wasser folgt schließlich, von extremem Hochwasser abgesehen, wie ein ganz normaler Bach dem Gefälle. Die Erosion übertrifft die Korrosion.
Nur auf Siphonstrecken kann es unter dem Druck des nachströmenden Wassers immer noch bergan fließen.

Kolke. Wo der Höhlenbach besonders harte Gerölle mit sich führt und bei starkem Gefälle viele Wirbel erzeugt, können sich in der Höhlensohle kreisrunde Kessel bilden. Sie entstehen dadurch, dass Gerölle, die einmal in einem solchen Strudel gefangen sind, sich selbst und den Fels abschleifen. Oft findet man in einem Strudeltopf kugelrunde, geradezu auf Hochglanz polierte Feuersteine, die es mit jedem Schmuckstein aufnehmen können. Manchmal bleibt auch im Zentrum des Topfes ein Felszapfen stehen, weil das erodierende Geröll im Wirbel durch die Fliehkraft nach außen getrieben wird und dort am intensivsten arbeitet.

Schwerer fällt es, zu erklären, wie ganz ähnlich geformte, kreisrunde Kolke an der Höhlendecke zustande kommen. Da kann kein Stein im Kreis herumrollen. Der Schweizer Höhlenforscher Alfred Bögli stellte fest, dass solche Deckenkolke immer dort entstehen, wo auf einer, wenn auch noch so feinen Kluft neues Wasser in den Strom des Höhlenwassers einsickert.

Dann kommt es erneut zu Auflösungerscheinungen aufgrund des unterschiedlichen Kohlendioxidgehalts der beiden Wässer. Dieses Phänomen ist auch tief im Innern des Gebirges zu beobachten. Diese Mischungskorrosion führt nicht selten zur Bildung von großen Höhlenräumen.

Aus der Höhlenwand münden Seitenbäche ein. Ein Wasserfall stürzt aus einem Schacht. Der Bach schwillt zu einem unterirdischen Fluss an, der sich tiefer und tiefer in den Höhlenboden einschneidet. Bei Hochwasser kann er gewaltige Blöcke mit sich fortwälzen. Schließlich bilden sich klammartige Abschnitte. Das geht so lange, bis der Zufluß nachlässt oder der Höhlenfluss einen neuen Weg gefunden hat. Dann erlischt in der alten Höhle die nagende Kraft der Erosion.

Alter. Die Höhle, die jahrtausendelang von einem Höhlenfluss durchzogen war und immer größer wurde, altert nun. Unter dem Druck des Gebirges brechen aber immer noch, je größer der Hohlraum ist, umso sicherer, Platten und Blöcke von der Decke und aus den Wänden. Die ideale Deckenform, die dem Gebirgsdruck am ehesten standhält, ist ein Tonnengewölbe, dem man am Ende gar nicht mehr ansieht, ob es aus einer flachen, weitgehend aus einer Schichtfuge hervorgegangnen Höhle entstanden ist oder aus einer eher senkrecht verlaufenden Kluft. Wenn nur noch selten Wasser durch den Gang fließt, häufen sich die Blöcke an und können den Durchgang blockieren. Die größeren Höhlen zeigen häufig in in ihren verschiedenen Abschnitten unterschiedliche Stadien der Höhlenentwicklung.

Die größten Karsthöhlen. Über 560 Kilometer lang ist das Flint Ridge-Mammoth Cave System in Kentucky/USA. Die längste Höhle im Gips, die Optimisticheskaj in Podolien/Ukraine, ist auf über 190 Kilometer vermessen. Das Hölloch in der Schweiz ist 165 Kilometer lang. Der tiefste Schacht liegt im Kaukasus. Er ist über 1700 Meter tief durchstiegen, gefolgt vom Réseau Jean Bernard in Frankreich mit 1602 Metern. Auf dem dritten Platz liegt derzeit der Lamprechtsofen-Vogelschacht mit 1632 Metern. Rund 120 Meter hoch ist die unterirdische Schlucht der Reka in der Höhle von St. Kanzian, der Škocjanske Jame in Slowenien. 240 Meter lang, 132 Meter breit und 137 Meter hoch ist die größte Halle der Grotta Gigante bei Triest. Der Petersdom hätte Platz in diesem gewaltigen Höhlenraum. Noch länger und breiter ist die La Torca del Carlista in Spanien mit den Maßen: 500 Meter Länge, 230 Meter Breite und 125 Meter Höhe. Den Flächenrekord halten aber die Carlsbad Caverns in New Mexico.

In 400 Metern Tiefe gibt es dort eine Halle, die 1200 Meter lang, 190 Meter breit und 105 Meter hoch ist.

Windhöhlen. Auch der Wind vermag Höhlen zu bilden. Ganz ähnlich wie die Wurfgeschosse der brandenden Welle das Steilufer zermürben und der mitgeführte Sand die Felsen glättet, arbeitet der Wind an den steilen Felsenwänden in der Wüste. Dort bilden sich Windhöhlen. Eigentlich müsste man Sandstrahlhöhlen zu ihnen sagen, denn nicht die Luft ist es, die tiefe Mulden und Löcher aus dem Fels herausschabt, sondern der mitgeführte Quarzsand.

Wer am Strand schon erlebt hat, wie die Beine unter dem Aufprall vom Wind getriebener Sandkörner schmerzen, hat eine blasse Vorstellung von der erodierenden Kraft, die ein Wüstensturm mit 100 Stundenkilometern entfalten kann. Da springen faustgroße Gerölle in weiten Sätzen über den Boden und schießen gegen die Felswand. Der Sand fliegt horizontal und modelliert alles, was im Weg ist, nach der Härte. Weiche Stellen im Fels werden vertieft, härtere bleiben als Lamellen oder Zapfen stehen. Phantastische Formen können sich bilden, wie beispielsweise der Granitbär über dem Capo d'Orso in Sardinien.

Gemessen an der Verbreitung und Zahl der Karsthöhlen sind Windhöhlen seltener. In Wüstengebieten jedoch gehören sie zum typischen Landschaftsbild. Dort entstehen vor allem an Granit- und Sandsteinfelsen Hohlräume durch die chemische Verwitterung des Gesteins, das unter einer Verwitterungskruste mürb und bröselig wird, schließlich ausbricht und tiefe Gruben zurücklässt. Tafoni nennt man diese Verwitterungsformen nach ihren Vorbildern in Korsika. Sie bilden sich unter dem Einfluss von Wind und

Im Norden Sardiniens steht ein steinerner Bär hoch über der Küste. Diese Tafoniskulptur ist das Ergebnis wüstenhafter Verwitterung im Granit.

Linke Seite, von oben nach unten: Deckenkolke entstehen, wo sich Wasser unterschiedlicher Härte mischt.

Im Höhlenboden schleifen im Wasserwirbel tanzende härtere Gerölle Kolklöcher aus.

Quarzgerölle aus einem Kolkloch.

Regen, Kälte und Hitze. Viele kleine Höhlen, die von den Bewohnern der Trockengebiete häufig als Ställe, aber auch als Wohnhöhlen genutzt wurden, sind so entstanden.

Bergsturzhöhlen. Ein Wort wäre noch zu sagen zu Höhlen, die durch Erdbewegungen entstehen. Wo sich ein Bergsturz vorbereitet und Felswände im Laufe von Jahrhunderten und Jahrtausenden an Klüften quer zum Hang auseinander rücken, bilden sich Spaltenhöhlen.

Auch unter den Felstrümmern eines niedergegangenen Bergsturzes bleiben Hohlräume erhalten. Diese Überdeckungshöhlen, wie sie der Fachmann nennt, haben meist einen sehr unregelmäßigen Verlauf. Sie sind nicht selten auch gefährlich, weil die Trümmer nur selten stabil übereinander liegen.

Die Höhlen am Rande der Inselberge in Zentralaustralien sind meist Überdeckungshöhlen unter riesigen Felstrümmern. Sie waren für die Uraustralier heilige Stätten. Magische Zeichen und Bilder bedecken die Wände in den halbdunklen Räumen.

Tropfsteinpracht und Gottesacker

Höhlenschätze. Über verrostete Geldkisten und vergessene Piratenschätze stolpert man auch in Höhlen ziemlich selten. Vielleicht ist das ein Grund, warum sich gescheiterte Schatzgräber am Ende an den Tropfsteinen schadlos halten und die schimmernden Zapfen und Säulen zerschlagen und wegschleppen.

Die Freude am billig gewonnenen »Schatz« dauert nicht lange, denn Tropfsteine werden in der trockenen Luft außerhalb der Höhle blass und glanzlos. Sie verlieren ihre Harmonie und Spannung, wenn der Gegensatz von strahlender Helligkeit und Finsternis und das glitzernde Licht der fallenden Tropfen fehlt.

Wenn schließlich der Tropfstein erst vergessen im Vorgarten steht, beginnt das Regenwasser seine Oberfläche anzugreifen, den Kalk mehr und mehr aufzulösen und damit den Prozess, der über Jahrtausende hinweg zur Bildung des Tropfsteins in der Höhle führte, umzukehren. Denn Kalkauflösung im Gestein über dem

Höhlenraum ist schließlich die Voraussetzung für die Ablagerung von Kalk in der Höhle.

Saures Wasser. Interessante Zusammenhänge ergeben sich zwischen Erdoberfläche und Untergrund. In einem Höhlengang, der unter einem Wald, unter Weiden und Wiesen verläuft, ist die Tropfsteinbildung besonders stark. Zieht sich die Höhle aber unter nacktem Fels hin, bilden sich weniger und kleinere Tropfsteine.

Woher dieser Unterschied, wo doch das Regenwasser keine Unterschiede zeigt, sondern chemisch gesehen durch die Aufnahme von Kohlendioxid aus der Luft zu einer schwachen, weithin konstanten Kohlensäure wird? Diese Säure vermag den Kalk aufzulösen. Wo das Regenwasser über den Fels fließt und rasch in den Klüften versickert, ändert sich an seinem Säuregrad wenig. Wo der Weg des Sickerwassers durch die Grasnarbe und den Boden führt, nimmt es weiteres Kohlendioxid auf, das die Bodenorganismen bei der Atmung abgeben. Je reicher das Bodenleben über dem Fels, umso mehr

Vom Boden wachsen Stalagmiten auf. Sie sind meist massiger als die Stalaktiten. Bärenhöhle.

Rechte Seite: Mitunter wachsen Stalagmiten als schlanke Säulen in die Höhe. Aus ihrem rhythmischen Aufbau lassen sich Schwankungen der Kalkzufuhr und damit Klimaeinflüsse ablesen. Falkensteiner Höhle.

Kohlendioxid bringt das Sickerwasser mit, umso saurer ist es. Vom Säuregrad hängt die lösende Kraft des Wassers ab.

Sickerwasser von zehn Grad Celsius, in dem nicht mehr als 70 Milligramm Kalk pro Liter gelöst sind, bildet keine Tropfsteine. Sobald der Kalkgehalt auf 200 bis 300 Milligramm pro Liter steigt, ist mit reichen Sinterablagerungen, so nennt man den Tropfsteinkalk ganz allgemein, und schönen Tropfsteinen zu rechnen.

Wie aber kommt es, dass das Sickerwasser den eben aufgelösten Kalk wieder abgibt und ihn nicht einfach mit sich fortträgt?

Temperatur. Wenn der Höhlenraum wärmer ist als das einsickernde Wasser, verstärkt sich die Tropfsteinbildung. Denn in kaltem Wasser löst sich mehr Kohlendioxid auf als in warmem. Das kann man übrigens leicht feststellen, wenn man vorsichtig kohlensäurehaltiges Mineralwasser trinkt: Sobald es in den warmen Mund kommt, braust es auf, Kohlendioxid wird frei. Je größer der Temperaturunterschied zwischen Sickerwasser und Höhlenluft, umso mehr ist dieser Faktor an der Tropfsteinbildung beteiligt.

Auch die Verdunstung spielt bei der Tropfsteinbildung eine Rolle, allerdings ist sie nicht so groß wie man annehmen könnte. Denn in den meisten Höhlen ist es so feucht, dass nur wenig Wasser verdunsten kann. Ausnahmen sind Höhlen mit starker Durchlüftung. In ihnen bildet sich aber in der Regel kein fester Tropfstein, sondern eher eine feuchte, bröselige Masse aus winzigen Kalkkriställchen, Montmilch oder Bergmilch genannt. Die Kristallbildung erfolgt in diesem Fall so rasch und an so vielen Stellen gleichzeitig, dass es zu keiner Tropfsteinbildung kommt.

Stalaktit und Stalagmit. Winzige Kalkkriställchen bilden sich auf den Tropfen, die an der Decke hängen. Rings um die Tropfstellen setzen sich Kalkringe ab. Mit der Zeit bilden sich lange, dünne Röhrchen, »Makkaroni« genannt. Makkaronis wachsen vor allem in die Länge, unter günstigen Umständen in 25 Jahren über einen Meter. Solche Werte wurden in verlassenen Luftschutzbunkern gemessen. Oft verwachsen mehrere Makkaroni zu einem stabileren Stalaktiten.

Jeder Tropfen, der abfällt, nimmt einen Teil der Kalkkristalle, die auf seiner Oberfläche treiben, mit. Beim Aufschlag auf den Boden spritzt der Tropfen auseinander, ein Teil des Wassers fließt als hauchdünner Wasserschleier ab. Ein Teil der mitgeführten Kalkkristalle bleibt liegen. Außerdem entweicht erneut Kohlendioxid, damit fällt weiterer Kalk aus.

Alle Tropfsteine, die von der Decke wachsen, werden Stalaktiten oder auch Tröpfelsteine ge-

nannt. Stalagmiten nennt man die Bodentropfsteine, die ihnen entgegenwachsen. Stalaktiten und Stalagmiten bilden schließlich Säulen, die die Decke zu tragen scheinen.

Wo das Sickerwasser an den Wänden herabläuft, entstehen zarte, durchscheinende Sinterlamellen, die beim Anschlag mit den Fingern wie ein Xylophon klingen. In Falten gelegte Girlanden entstehen, die sich in Wellen an der Höhlenwand herabziehen, sich verzweigen und wieder vereinigen, so wie es der Lauf der Wasserfäden ergibt.

Bodentropfsteine, Stalagmiten, sind meist massiger. Es gibt aber auch unter ihnen schlanke Kerzen und Säulen, die wie Orgelpfeifen aufragen. In Gebieten mit wärmerem Klima bilden sich mächtige »Palmstämme« und die schönsten »Baumkuchen«. Die Wuchsform der Bodentropfsteine hängt von der Tropfgeschwindigkeit des Sickerwassers, der Fallhöhe und der Wassermenge ab.

Häufig sind die Stalagmiten merkwürdig gestuft und deutlich in dickere und dünnere Abschnitte gegliedert. Bei stärkerem Zufluss und höherem Kalkgehalt bilden sich massigere Bodentropfsteine. Daraus schließen die Speläologen auf das Klima der Vorzeit. Dicke Tropfsteinabschnitte weisen auf ein wärmeres, niederschlagsreicheres Klima hin, dünnere auf Zeiten mit niedrigeren Temperaturen und trockeneren Zeitabschnitten. Je größer die Übereinstimmung des Wachstumsrhythmus der Tropfsteine einer Höhle ist, umso sicherer kann das Klima der Vorzeit beschrieben werden.

Genau genommen müssten sich sogar die jährlichen Schwankungen der Wasserzufuhr in der Tropfsteingestalt widerspiegeln: im Winter ge

ringer Zuwachs, im Sommer starker Zuwachs. Es gibt aber außer der Wasserzufuhr einen weiteren jährlich schwankenden Faktor: die Außentemperatur. Von ihr hängt nicht zuletzt die Aktivität der Bodenlebewesen ab und damit die Abgabe von Kohlendioxid als Endprodukt ihrer Atmung, die sich ihrerseits wiederum auf den Säuregrad des Sickerwassers auswirkt.

Der steinerne Kalender. Der Querschnitt eines Tropfsteins gleicht dem Querschnitt durch einen Baum. Deutlich lassen sich dunkle, dünne und helle, breite Zuwachsringe erkennen. Sägt man einen Tropfstein der Länge nach auf, wird sichtbar, wie zahlreiche Sinterkappen übereinander liegen. Zeiten starken und geringen Wachstums lassen sich unterscheiden. Sind das am Ende Jahresringe?

Ganz so einfach sind die Wachstumsringe der Tropfsteine nicht zu deuten. Jede Bewegung im Gefüge des Gesteins kann zur Schließung einer Kluft führen oder die Wasserzufuhr verstärken. Jeder Tropfstein »erzählt« nur sein »persönliches« Schicksal, das sich von dem seines nächsten Nachbarn erheblich unterscheiden kann. Kein Platz an der Höhlendecke gleicht einem anderen ganz genau.

Nur in Ausnahmefällen lässt sich aus den Ringen das absolute Alter bestimmen. Ein schwarzer Ring kann die Rußspur eines Waldbrandes sein. So kann man, wenn der Waldbrand dokumentiert ist, eine Altersmarke gewinnen.

Radiokohlenstoff. Inzwischen bietet die Physik Möglichkeiten der exakten Altersbestimmung. Der deutsche Speleologe Herbert W. Franke hat als Erster darauf hingewiesen, dass dies mithilfe der Radiokohlenstoffmethode möglich sein müsste.

Linke Seite: Schlanke Stalaktiten hängen von der Decke, massige Stalagmiten wachsen ihnen entgegen. Höhle Piatra Altarului, Rumänien.

Tropfsteine wachsen nicht gleichmäßig. Sie bilden Zuwachsringe. Dies zeigt ein Tropfstein von den Bermudas. Er ist in Auflösung begriffen. Kalkarmes Tropfwasser, das von der Decke fällt, legt die Schalenstruktur frei.

Was hat es mit dieser Methode auf sich? Ein winziger Teil des Kohlenstoffs, der im Kohlendioxid der Luft vorkommt, ist radioaktiv. Dieser radioaktive Kohlenstoff entsteht durch energiereiche Weltraumstrahlung aus Stickstoff. Vom normalen Kohlenstoff ^{12}C unterscheidet sich dieser Kohlenstoff durch ein um zwei Einheiten höheres Atomgewicht. Deshalb wird er als ^{14}C bezeichnet. Dieses ^{14}C ist radioaktiv, es zerfällt im Laufe der Zeit. Nach 5568 Jahren ist die Hälfte der radioaktiven ^{14}C-Atome zerfallen. Diese Zeit nennt man Halbwertszeit. Doch was bedeutet dies für die Altersbestimmung von Tropfsteinen?

Bei frisch gebildetem Sinter kann man den in ihm enthaltenen Kohlenstoff ^{14}C bestimmen. Hat ein anderes Tropfsteinstück nur halb so viel ^{14}C wie der junge Sinter, ist es 5568 Jahre alt, denn diese Zeit entspricht der Halbwertszeit des radioaktiven Zerfalls. Enthält ein Tropfsteinstück weniger Radiokohlenstoff, muss es älter sein.

Inzwischen lässt sich eine Altersbestimmung von Tropfsteinkalk, die mehr als 50 000 Jahre zurückreicht, auf diese Weise durchführen. Ein Gramm Kalk genügt inzwischen als Ausgangssubstanz für die Messungen. Berühmt geworden sind die Tropfsteinproben aus einer Unterwasserhöhle der griechischen Insel Kephallinia, für die ein Alter von 16 000 und 20 000 Jahren festgestellt wurde. Da sich Tropfsteine nur in lufterfüllten Höhlen bilden, muss damals der Wasserspiegel des Mittelmeers deutlich tiefer gewesen sein als das heutige Höhlenniveau.

Die Spitzen der meisten Tropfsteine in den Höhlen Mitteleuropas sind etwa 3000 bis 4000 Jahre alt. Seither hat sich das Tropfsteinwachstum stark verlangsamt. Offenbar ist es in den letzten Jahrtausenden im Ganzen kühler geworden.

Klima der Vorzeit. Doch damit nicht genug, auch andere radioaktive Stoffe, so zum Beispiel Uran, werden in winzigen Mengen in den Sinter eingebaut. Das zerfallende Uran hinterlässt im Kalk winzige Zerstörungsspuren, die man unter dem Mikroskop sichtbar machen kann. Auf diese Weise hat man einen Tropfstein aus einer südfranzösischen Höhle datiert, dessen Wachstum vor 130 000 Jahren begann und vor etwa 90 000 Jahren endete. Dieser Zeitraum entspricht einer langen warmen Periode zwischen den beiden letzten Kaltzeiten, die durch eine kurze Abkühlung unterbrochen wurde.

Durch vergleichende Messungen an anderen Tropfsteinen konnte man feststellen, dass vor etwa 70 000 Jahren das skandinavische Eis große Teile Europas eroberte, auch dass es vor etwa 10 000 Jahren begann, auf den heutigen Stand abzuschmelzen. Danach hat die Tropfsteinbildung in unseren Breiten wieder eingesetzt.

Doch nicht nur über das Klima der Vorzeit geben Tropfsteine Auskunft, auch besonders schwere Erdbeben haben sie als natürliche Bebenmesser registriert: Sie fielen um, zeigen heute noch durch die Fallrichtung die Stoßrichtung des Bebens an. Das Alter des Abbruchs kann man mit der Radiokohlenstoffmethode bestimmen.

Überraschendes Wachstum. Obwohl man in den letzten Jahren über Tropfsteine mehr erfahren hat, ist man vor Überraschungen nicht sicher. So berichtete der Höhlenmikrobiologe Went aus dem Wüstenforschungsinstitut der Universität von Nevada über Pilze, die in

Eine Kalzitrose aus der Piatra Altarului, einer der schönsten Höhlen der Karpaten.

Linke Seite: Obwohl es draußen schon warm ist, führt die kalte Luft aus der Eishöhle bis weit in das Frühjahr hinein zur Bildung von Eiszapfen im Eingangsbereich. Scărişoara.

In einem Luftschutzstollen aus dem Zweiten Weltkrieg sind innerhalb von 20 Jahren Tropfsteine gewachsen, meist dünne »Makkaroni«, aber dazwischen auch merkwürdig gebogene dickere Excentriques. Durch feinste Risse im Beton ist kalkreiches Wasser eingesickert.

Tropfsteinen leben. In den Lehman Caves entdeckte er in den Wassertropfen an der Spitze der wachsenden Stalaktiten millimeterlange Pilzfäden. Durch die Fäden dieser Stalaktitenpilze werden die winzigen Kalkkriställchen im Hängetropfen festgehalten und miteinander verbunden. Für das Wachstum der Tropfsteine, zumindest in den Lehmans Caves, scheinen Pilze von Bedeutung zu sein. Die Pilze ihrerseits leben von winzigen Mengen organischer Substanz, die mit dem Sickerwasser eingeschwemmt wird; Tropfsteine fabrizieren sie nur nebenbei.

Dass auch Bakterien an der Sinterbildung mitwirken können, steht außer Frage. Vor allem bei der Bildung von Knopfsinter an der Höhlenwand scheinen sie eine Rolle zu spielen.

Exzentriker. Eine ganz verrückte Sinterbildung ist unter der französischen Bezeichnung Excentriques bekannt geworden. Dabei handelt es sich um röhrenförmige, aber auch massive, dünne, kleine Tropfsteine, die sich in ihrem Wachstum nicht an die Schwerkraft halten, sondern mitunter gekrümmt in den Raum hineinwachsen und dabei Haken, Schleifen, Ösen und Verzweigungen bilden. Vom Höhlenwind mitgetragenes, an der Wand und später auf den wachsenden Röhrchen abgesetztes Tropfwasser scheint bei ihrer Bildung eine Rolle zu spielen. Auch hier können Lebewesen mitwirken. Vielleicht bestimmt aber letztlich die Kristallisationsrichtung der winzigen Kalzitnadeln die Wachstumsrichtung. Das letzte Wort über die Entstehung der wild gewordenen Exzentriker ist noch nicht gesprochen. Berühmt sind die exzentrischen Gipsgebilde aus der Höhle La Lechuguilla in New Mexico.

Die große Formenvielfalt der Tropfsteine lässt sich im Einzelnen kaum beschreiben. An abfallenden Flächen bilden sich mitunter strahlend weiße Sinterterrassen. Zu verstärkter Sinterablagerung kommt es an den Rändern der schüssel- und wannenförmigen Gebilde. Häufig sind sie durch Beimischungen von Eisen und Mangan bräunlich und blauschwarz eingefärbt.

Zur Kristallbildung kommt es in ruhigen, fast stehenden Wassern. In wassererfüllten Wannen können sich sogar frei bewegliche Kugeln bilden, Sinterperlen. Sie sind ein ganz besonderer Schmuck der Höhlenwelt. Wenn das Wasser durch fallende Tropfen oder geringen Nachfluss in Bewegung gehalten wird, wird die Bildung von Kalkkristallen gefördert, auch kugelförmige Gebilde, deren Oberfläche durch Drehbewegungen im unruhigen Wasser rund geschliffen wird, entstehen.

Nicht nur in den Höhlen, sondern auch unter freiem Himmel bilden sich Sinterterrassen, wenn aus kalküberladenem Mineralwasser Kohlendioxid an die trockene Luft der Umge-

Excentriques bilden überraschende Formen. Ihr Wachstum
wird nicht allein von der Schwerkraft bestimmt.

Die berühmten Sinterterrassen von Pamukkale drohten dem Massentourismus zum Opfer zu fallen. Inzwischen sind sie streng geschützt und erstrahlen im alten Glanz.

Elfenbeinfarbene Sinterperlen aus der Grand Grotte in der Dordogne.

bung abgegeben wird. Berühmt sind die Sinterterrassen des Yellowstone Parks, in den Thermalgebieten Neuseelands und von Pamukkale in der Türkei.

Fahnen im Höhlenwind. In der Adelsberger Grotte hängen Sinterfahnen an einer Engstelle in kühnem Schwung von der Decke. Der Wind hat sie verbogen. Nicht den harten Kalk natürlich, sondern den wachsenden Tropfstein, genauer gesagt: Das herabrinnende Wasser wurde vom Höhlenwind ein wenig zur Seite gedrückt und damit gezwungen, mehr Kalk auf der

windabgewandten Seite abzusetzen. So wachsen Sinterfahnen und Tropfsteine einseitig.

Wo der Wind, wie in manchen Eishöhlen, mit einer Geschwindigkeit von 50 Kilometer je Stunde durch die Gänge fegt, braucht man sich nicht wundern, dass vieles krumm und schief hängt.

Eishöhlen. Große Eishöhlen kennt man aus den Alpen: die Eisriesenwelt im Tennengebirge bei Werfen, die Rieseneishöhle im Dachsteinmassiv und die Salzgrabenhöhle im Berchtesgadener Land, auch aus den Karpaten.

Blaugrün schimmernde Eissäulen erheben sich vom Höhlengrund, eisige Stalaktiten hängen von der Decke, regelrechte Gletscher erfüllen die Hallen. Eishöhlen gehören zu den eindrucksvollsten Naturwundern. Den Hohlraum selbst hat natürlich das rinnende Wasser geformt. Das Eis verdankt seine Entstehung dem Höhlenwetter.

Kaltluft ist schwerer als warme Luft. An den tiefsten Stellen, im Eiskeller, sammelt sich die Kaltluft. Aber das genügt nur in seltenen Fällen zu einer anhaltenden Eisbildung. Große Eis-

massen entstehen, wo eisige Luft von der Hochfläche über der Höhle einströmt und das Wasser in der Höhle gefrieren lässt.

Bis zur Schneeschmelze strömt durch die Schächte, die in die Höhle hinabreichen, Kaltluft und ergießt sich schließlich am tief gelegenen Höhlenausgang ins Freie. Ein Höhlenwind entsteht, der mitunter Sturmstärke erreicht. Vor allem im Sommer, wenn es draußen warm ist, strömt die Kaltluft aus der Höhle mit großer Geschwindigkeit ab. Erst im Hochsommer kehrt sich die Strömung um. Leichtere Warm-

Nicht zuletzt ihr Schmuck aus bizarren Gipskristallen machen die Lechuguillahöhle in New Mexico zu einer der schönsten Höhlen der Welt. Der Höhlenwind hat die Form der Kristallfahnen mitbestimmt.

Wie ein glitzernder Wald stehen
schimmernde Eissäulen am
Grund der Höhle.

Rechte Seite: Wie ein Gletscher
liegt ein mächtiger Eisblock in
der gewaltigen Eingangshalle
der Scărişoarahöhle.

luft fließt dann an der Höhlendecke höhlenein-
wärts und steigt durch die Schächte zum Hoch-
plateau auf. Zu dieser Zeit schmilzt ein Teil des
Höhleneises ab.

Faszinierende Bilder entstehen, wenn Eissäulen
und -zapfen und Eisvorhänge von hellem Licht
durchleuchtet werden. Gleißendes Magnesium-
licht lässt das Höhleneis in blauen und grünen
Tönen leuchten. Märchenhafte Bilder finden
sich auch in den Namen der eiserfüllten Hallen
wieder. In der Eisriesenwelt gibt sich die ger-
manische Götterwelt ein Stelldichein.

Für die Folge »Eisige Schönheit im Herzen der
Karpaten« für meine Reihe »Wunder der Erde«
filmten Albert und Eleonora Bajas in der Eishöhle Scarisoara in den Westkarpaten. Zusammen mit Forschern des Speleologischen Instituts
der Universität Klausenburg (Cluj) drehten sie
in der vergletscherten Höhle. Der größere Teil

des Films entstand im unwegsamen, wilden Teil
der Höhle, im Kellergeschoss gewissermaßen.

Am Seil und mit spezieller Eisausrüstung steigt
man an den Rändern eines bis zu 100 Meter
breiten Eisklotzes, eines Gletschers im Höhlenraum, hinab. Dieser Eisklotz ist ungefähr 20 Meter mächtig. Die älteste Eisschicht liegt am Grund.
Sie ist 4000 Jahre alt. Die Eistemperatur liegt
knapp unter dem Gefrierpunkt. Die schönsten,
unberührten Eisgebilde schmücken die beiden
großen Säle am Rand des Blocks. Dort allerdings
schmelzen die Eiszapfen und -vorhänge im Sommer zurück, um erst in der kalten Jahreszeit wieder zu wachsen. Der große Eisklotz im zentralen
Raum wirkt wie ein Klimapuffer.

Die besonderen Schwierigkeiten für den Kame-
ramann liegen zweifellos darin, die riesigen
Räume auszuleuchten und die Farbigkeit des
Eises zu zeigen.

Trotz unwirtlicher Lebensbedingungen überwintern hier sogar einige Fledermäuse. Erstaunlicherweise findet man auch Spinnen, Urinsekten und einige, nur wenige Millimeter große Gletscherkäfer. Selten gehen diese Tiere aufs Eis. Sie finden ihre Nahrung an den etwas wärmeren und feuchten Felswänden.

Höhlen im Gletscher. In vielen Gletschern haben sich Höhlen im Eis entwickelt. Auch sie verdanken ihre Entstehung wie die Höhlen im Kalkfels dem rinnenden Wasser. Durch Spalten und Klüfte fällt es in den Eiskörper und findet im Gletschertor einen Ausgang. Das Schmelzwasser ist ein wenig wärmer als das Eis. Das genügt, um Spalten zu erweitern und größere Hohlräume auszuschmelzen.

Die abenteuerlichste Gletscherhöhle hat Island anzubieten. Im gewaltigen Eisfeld des Vatnajökull öffnet sich im Norden ein gewaltiges Gletschertor, aus dem ein kräftiger Fluss kommt. Die Höhle im Kverkfjell, wie diese Gegend genannt wird, wird von vulkanischer Hitze aus der riesigen Eismasse herausgeschmolzen. Die Luft ist mit Schwefeldampf erfüllt, heiße Quellen blubbern am Grund, die Eiswände weisen eigentümliche, wabenartige Muster auf. Enge Schächte führen bis auf die Gletscheroberfläche hinauf.

Diese Höhle ist gefährlich! Der Gletscher, der sich ständig nach Norden schiebt, verursacht Spannungen im Eis. Die vulkanische Aktivität, die die Schmelzgeschwindigkeit beeinflusst, kann unerwartete Eisbrüche auslösen. Carsten Peter und sein Team drehten dort für »Wunder der Erde«.

Karren und Schratten. In scharfem Gegensatz zu den Sinterbildungen stehen die Auflösungsformen, die das Wasser hinterlässt. Wild zerrissene und von tiefen Rinnen durchzogene Felslandschaften findet man vor allem auf den großflächigen Kalkplateaus der Hochgebirge, die aus nahezu reinem Kalk aufgebaut sind. Das Gottesackerplatt über dem Kleinwalsertal, das Zugspitzplatt und das Plateau zwischen Krippenstein und Dachstein seien als Beispiel genannt.

Die tiefen Rinnen im Kalkfels der Hochgebirge nennt man Karren. Dazwischen bleiben mitunter scharfe Grate stehen, Schratten genannt. Viele dieser Karren richten sich nach den Klüften, die das Gestein durchziehen; andere sind als Auflösungsspuren des abrinnenden Wassers wie Talsysteme in schiefe Gesteinsflächen eingetieft. Sogar das stehende Wasser löst im Laufe der Zeit Gruben und Näpfe aus dem Kalk.

Die von der Oberfläche in die Tiefe fortschreitende Auflösung zerlegt große Felsplateaus in Inseln und Einzelblöcke. Unwegsam, bei Nacht und Nebel lebensgefährlich sind solche Karrenfelder! Die tiefen Schächte, die sich vor allem an den Kreuzungen der Klüfte entwickelt haben, führen nicht selten zu ausgedehnten Höhlensystemen im Untergrund.

Im Karstland versickert der Regen, wie er kommt. Schmelzwasser läuft in Strudeln auf dem direkten Weg zu den Wasserläufen in der Tiefe. Bäche und Quellen sucht man in den Karrenfeldern vergebens. Am Fuß der verkarsteten Bergstöcke jedoch entspringen kräftige Karstquellen.

Einst war der Gottesacker Wald- und Weideland. das Übermaß der landwirtschaftlichen Nutzung hat den Fels freigelegt. Nur in den Wannen und Näpfen, wo sich etwas Humus

Oben: Zwischen den Karren stehen scharfe Grate.

Darunter: Mitunter bilden sich auf flachen Platten Lochkarren.

Rechts: Das Gottesackerplatt gehört zu den großen Karrenfeldern der nördlichen Kalkalpen.

Rechte Seite: Blick auf das Gottesackerplatt und die schräg gestellte Platte des Hochifen.

und Wasser sammelt, kommen noch angepasste Hochgebirgspflanzen durch.

Kein Wunder, dass der naturverbundene Gebirgsbewohner für die Karstfelder dieser Art eindrucksvolle, meist abschreckende Namen gefunden hat: Totes Gebirge, Höllengebirge, Gottesacker.

Karrentische. Alfred Bögli machte darauf aufmerksam, dass auf Karsthochflächen, die bis zur letzten Kaltzeit von einem Gletscher überfahren wurden, beim Abschmelzen des Eises große Blöcke liegen geblieben sind. Diese Blöcke aus Fremdgestein sitzen auf Sockeln, 15 Zentimeter über dem Niveau des Kalkplateaus. Karrentische nennt man diese »Denkmäler« auf ihrem Sockel. Im Schutz der vom Eis zurückgelassenen Blöcke hat sich die kaltzeitliche Höhe des Plateaus erhalten, oder, anders gesagt, wo das Kalkplateau nicht von

solchen Blöcken geschützt war, wurde es abgetragen, wie in den Mährenbergen. 15 Zentimeter in 10 000 Jahren ist ein Standardmaß für die chemische Abtragung im Gebirge geworden.

Verkarsteter Granit. Salz, Gips und Kalk verkarsten, dass aber harter Granit zu den verkarstungsfähigen Gesteinen gehört, klingt zunächst merkwürdig. Granit ist ein Tiefengestein, ein Vulkanit, der vor allem aus unterschiedlichen, keineswegs leicht löslichen Mineralien zusammengesetzt ist: Feldspat, Quarz und Glimmer. Dazu kommt nicht selten in geringen Mengen ein phosphathaltiges Mineral, der Apatit. Dieser Bestandteil verwittert leichter und lockert damit das Gefüge. Starke Temperaturschwankungen machen den Granit überdies bröselig.

Besonders ausgeprägt sind die Karstformen im Granit in den Brandungszonen des Meeres. Modellhaft schön sind die Kannelierungen der

Granitfelsen an der Küste von La Dique, einer Insel der Seychellen. Tiefe Rinnenkarren zerfurchen das Gestein. Bei der Modellierung des harten Granits wirken mehrere Kräfte zusammen: der Temperaturwechsel, der den körnigen Granit auflockert, und nicht weniger die Kristallisation von Salz in den feinsten Ritzen. Dazu kommt der Anteil an Apatit.

In den Gebirgen der Tropen ist die Granitverwitterung landschaftsgestaltend. In jüngerer Zeit entdeckte man im Gebiet der Tafelberge Guyanas, den Tepuis, riesige Einsturzschächte mit Durchmessern bis zu 300 Meter und entsprechender Tiefe. Das Regenwasser, das in diese Abgründe hinabfällt, sammelt sich am Grund und nimmt dort aus dem eingewehten, verrottenden Pflanzenmaterial Humussäuren und Kohlendioxid auf, fließt in großer Tiefe durch große, bisher kaum erforschte Höhlensysteme zu den canyonartigen Tälern zwischen den Tafelbergen.

Die Hochfläche dieser Berge ist von Rinnen und tiefen Klüften durchzogen, in denen sich Pfützen und kleine Wasserläufe halten. Dazwischen sind bizarre Türme stehen geblieben. Ein Platz für Götter und Ungeheuer.

Linke Seite: Auch Granit verwittert unter tropischen Bedingungen wie Kalkfels. Karren bilden sich, die schließlich die großen Blöcke zerlegen. Im Brandungsbereich verstärkt die salzige Gischt diesen Prozess.

Die Tafelberge im Süden Venezuelas, die Tepuis, sind Reste eines Gebirges, das der tropischen Verwitterung und der Verkarstung des Granits zum Opfer fiel.

Der verschwundene Fluss

Donau und Aach. Nur im Lexikon ist die Donau 2850 Kilometer lang. In Wirklichkeit verschwindet der Fluss, kaum ist er durch den Zusammenfluss von Brigach und Breg zuwege gebracht, in seinem Bett. Nur in wasserreichen Jahren kommt er über die Sickerstellen im Kalkfels der Schwäbischen Alb. An den meisten Tagen im Jahr hätte das Wasser aus dem Schwarzwald keine Chance, das Schwarze Meer zu erreichen. Normalerweise würde der Oberlauf der Donau schon nach 30 Kilometern, bei Möhringen, enden, sein Wasser im Kies des Flussbetts und den Spalten am Felsufer versinken.

Wo läuft das Wasser hin? Man könnte sich denken, dass es ein Stück talwärts wieder im alten Bett erscheint, aber das ist nicht der Fall. Dort läuft neues Wasser zusammen, aber der alte Fluss bleibt verschwunden.

An ganz anderer Stelle, zwölf Kilometer weiter südlich und 179 Meter tiefer, tritt das Wasser der Donau in einer der größten Quellen Deutschlands, im Aachtopf, wieder aus und fließt unter neuem Namen als Aach durch den Hegau zum Bodensee und damit zum Rhein.

Dass es sich dabei wirklich um das Donauwasser handelt, bewiesen wissensdurstige Männer, die schon 1877 Kochsalz in Säcken zur Versickerungsstelle trugen. 100 Doppelzentner Salz wurden zur Markierung des Donauwassers in die Sickerstellen geschüttet und wie vermutet erschien das gesalzene Donauwasser in der Aachquelle. Heute bräuchte man sehr viel weniger Salz, denn die Methoden, das Kochsalz im Wasser nachzuweisen, wurden sehr verfeinert und vereinfacht.

Doch was nützen die besten Nachweismethoden, wenn man an der falschen Stelle misst? Am sichersten ist es deshalb, alle Quellen, die für den Wiederaustritt des markierten Wassers infrage kommen, zu kontrollieren. Im Falle der versickerten Donau ist das kein Problem; die Aachquelle zieht das Donauwasser und das einiger kleiner Bäche ganz auf sich.

Wo die obere Donau das klüftige Weißjuragestein erreicht, versickert sie.

Rechte Seite: Im Aachtopf, der Quelle der Hegau-Aach, tritt das verschwundene Donauwasser wieder zutage.

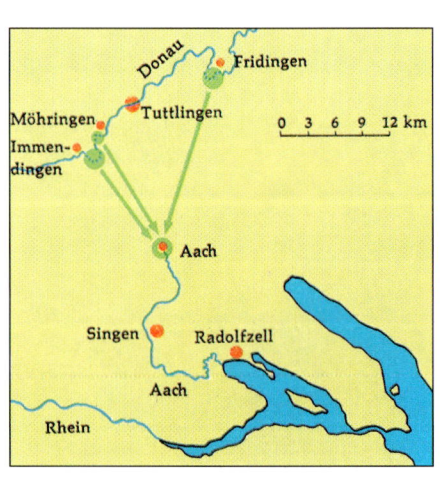

Eine trübe Quelle. Durchschnittlich 10 000 Liter pro Sekunde quellen aus dem Felsengrund. In trockenen Zeiten sind es weniger, bei Hochwasser steigt die Schüttung auf über 30 000 Liter je Sekunde. Im Gegensatz zum Wasser vieler anderer Quellen ist der Aachtopf immer ein wenig trüb, bei Hochwasser brodelt er sogar richtig lehmgelb.

Doch nicht nur Wasserführung und Färbung schwanken im Aachtopf beträchtlich, auch die Temperatur des Wassers ändert sich im Gegensatz zu vielen anderen Quellen im Jahresverlauf deutlich. Im Sommer steigt sie bis auf 15 Grad Celsius, im Winter sinkt sie auf fünf Grad Cel-

sius ab. In seinem ganzen Verhalten spiegelt der Aachtopf die Wasserqualität der Donau wider, wenn auch abgeschwächt und mit Verzögerung. 20 Stunden dauert es bei Hochwasser und 60 Stunden bei niedrigem Wasserstand, bis das Wasser der Donau, des verschwundenen Flusses, als Aach wieder zum Vorschein kommt.

Nachdem die Zusammenhänge zwischen Donau und Aach geklärt waren, entbrannte prompt ein erbitterter Streit zwischen den Donauleuten und denen unten an der Aach. Die einen hätten am liebsten alle Sickerlöcher verstopft. Die anderen wollten dem Wasser seine

Der verschwundene Fluss

Der verschwundene Fluss

gottgewollten Wege erhalten wissen. Inzwischen versickert das Wasser nach einem genauen Plan. Ein Regelwehr hält einen Teil der Donau zurück und leitet sie um. So ist der große, alte Fluss nun wirklich wieder 2850 Kilometer lang.

Färbung. Uranin ist heute der gebräuchlichste Markierungsstoff. In einer Verdünnung von eins zu zehn Millionen kann er noch mit dem Auge wahrgenommen werden. Mit Spezialgeräten lässt sich sogar eine Verdünnung von eins zu 100 Milliarden im Wasser feststellen. Das bedeutet, dass man mit einem Kilogramm Uranin 100 Milliarden Liter Wasser markieren kann. Um diese Menge zu transportieren, müsste man entweder vier Millionen Tankfahrzeuge mit je 25 Kubikmetern Fassungsvermögen auf die Straße schicken oder aber eine Wasserleitung von einem Meter Durchmesser auf mehr als 3000 Kilometer Länge mit markiertem Wasser füllen. Kurzum, die farbige Spur ist unsichtbar geworden.

Falkensteiner Höhle. Für eine der großen Höhlen in der Schwäbischen Alb, die rund fünf Kilometer lange Falkensteiner Höhle, ergaben sich bei einem Färbeversuch unerwartete Zusammenhänge.

Das Einzugsgebiet der Höhle bildet eine sanft gewellte, über 700 Meter hoch liegende Berghalbinsel im Weißen Jura, die nach allen Seiten zum Teil mit schroffen Felsabstürzen um die 250 Meter tief abfällt. Auf der Hochfläche, die aus Weißjurakalk gebildet wird, gibt es weder Quellen noch Bäche. Zahlreiche Einsenkungen und Dolinen weisen auf Höhlen im Untergrund hin.

Ein Tankfahrzeug der Feuerwehr bringt im Sommer 1960 zwölf Kubikmeter Wasser auf die trockene Hochfläche, um 200 Gramm Uranin in eine Doline zu spülen. An 30 Quellen rings um die ganze Berghalbinsel entnehmen Beobachtungsposten alle vier bis sechs Stunden Wasserproben für ein Zentrallabor. 14 Tage lang werden die Quellen überwacht, doch der grüne Farbstoff bleibt verschwunden. Woran liegt es? Wahrscheinlich an der lang anhaltenden Trockenheit im Sommer 1960.

Das Wasser aus dem Tankwagen hat den vermuteten Anschluss an den Höhlenbach in der Tiefe nicht geschafft. Man hätte wohl mehr Wasser nachspülen sollen oder den Versuch auf ein niederschlagsreiches Jahr verschieben sollen.

Ein Jahr später rollt der rote Tankwagen wieder über die staubige Hochfläche. Über ein Kilogramm Uranin werden diesmal mit 26 Kubikmetern Wasser in die Doline gespült. Mit Erfolg! Nach 72 Stunden färbt sich der Höhlenbach der Falkensteiner Höhle grün. Mit einer Durchschnittsgeschwindigkeit von 37 Metern in der Stunde hat das Wasser den Weg zurückgelegt. Der größte Teil des Wassers nimmt den langen Weg nach Süden zur Falkensteiner Höhle.

Während der Schneeschmelze 1964, der Boden ist tief gefroren und so gut wie wasserdicht, bildet sich auf der Hochfläche ein Quadratkilometer großer See. Sein Wasser fließt in die Senke mit der »Färbedoline« ab. Unter dem See brechen neue Dolinen ein, durch die das Wasser in rauschenden Wirbeln wie durch einen Badewannenausfluss abläuft. Darauf haben wir gewartet. Um 14.30 Uhr gehen zwei Kilogramm Uranin mit dem Schmelzwasser auf die Reise. Schon nach vier Stunden färbt sich der Höhlenbach, der wild aus dem Tor der Falkensteiner Höhle herausdrängt, grün. Für die Luftlinie er-

Bäche auf der Albhochfläche sind selten und meist kommen sie nicht weit. Das Wasser aus dem Schopflocher Hochmoor versickert nach wenigen hundert Metern in der Doline Stauchloch.

Bei Hochwasser strömt ein großer Teil des Höhlenbachs, der die Falkensteiner Höhle durchfließt, durch das Tor ins Freie.

gibt sich eine Fließgeschwindigkeit von 750 Metern in der Stunde. Die Geschwindigkeit, auf den Höhlenverlauf bezogen, dürfte mindestens 1000 Meter in der Stunde erreicht haben.

Konsequenzen. Die Flutwelle, die nach dem Durchbruch der Dolinen in die Höhle schießt, ist so schnell, dass sie jeden Höhlengänger einholt. Das Wasser in der klammartigen Höhle steigt so rasch an, dass jedem, der von einem derartigen »Springwasser« überrascht wird, nur noch die Flucht auf einen hoch gelegenen Blockversturz bleibt.

Dieses Ereignis zeigte auch, dass die Falkensteiner Höhle uralt ist. Sie durchzieht die ganze Berghalbinsel von Tal zu Tal. Das alte Gefälle weist nach Süden. Die inzwischen tiefen Täler haben ein großes Urhöhlensystem zerschnitten.

Auf der Hochfläche wird deutlich, dass ein ganz wesentlicher Anteil der Abtragung der Schwäbischen Alb durch solche Ereignisse bewirkt wird. Der Angriff erfolgt von unten. Und schließlich übernehmen die Höhlen den Abtransport der Verwitterungsprodukte, die auf der verkarsteten Albhochfläche entstehen. In unserer Zeit ist das vor allem der Ackerboden.

Ein Fluss mit vielen Namen. Berühmt-berüchtigt sind die Abflussverhältnisse im Slowenischen Karst. Nicht weit von Ljubljana/Laibach entspringt aus einer kräftigen Karstquelle der Oberseebach. Ein paar Kilometer läuft er durch einen Kessel, aus dem kein Tal hinausführt. Polje nennen die Geologen solche Karstwannen. Der Fluss verschwindet im Fels.

Gibt man ihm Farbe mit auf den Weg, so findet man sie in einer Quelle auf der anderen Seite der Berge. Wieder fließt der Fluss unter neuem Namen durch die Felder, um in einem Höhlentor zu verschwinden und wieder erscheint er hinter dem Berg. Rakbach, Krebsbach, heißt er dort, auch er verschwindet bald, diesmal in der Malograjska Jama, der Kleinhäusler Höhle. Dort vereinigt er sich mit der Unica, dem Höhlenfluss, der aus der Adelsberger Grotte kommt.

In vielen Windungen fließt die Unica aus der Kleinhäusler Grotte nach Norden, um nach einigen Kilometern noch einmal im Fuße der Kalkberge zu versickern. Bei Vrhnika kommt der Fluss zum letzten Mal mit einem neuen Namen zur Welt. Bis zu seiner Mündung in die Save heißt er nun Ljubljanica.

Wenn aber im Slowenischen Karst der Schnee schmilzt oder es viel geregnet hat, beginnt sich das Wasser vor den Schlucklöchern, den Ponoren, zu stauen, in den Senken bilden sich große Seen.

Im Zirknitzer Becken entsteht ein fünf Quadratkilometer großer See. Er wird aufgestaut, weil seine Ponore – insgesamt zwei große und etwa 80 kleine – höchstens 85 Kubikmeter

in der Sekunde schlucken können. Das Hochwasser bringt aber bis zu 155 Kubikmeter. So bildet sich in jedem Frühjahr der berühmte Zirknitzer See, der Cerkniško jezero.

Bis zum Sommer bleibt das Wasser meistens stehen, dann verläuft es sich und macht den Bauern Platz, die im fruchtbaren Schlamm des zeitweiligen Seegrunds ihre Äcker bestellen, nachdem sie im Frühjahr über ihren Feldern dem Fischfang nachgingen. Doch so interessant diese Abwechslung auch sein mag, die Bauern legen großen Wert darauf, dass sich das Wasser möglichst rasch verläuft und nicht etwa wie am Anfang des 18. Jahrunderts sieben Jahre lang stehen bleibt. Eine Hungersnot war damals die Folge. Deshalb fangen sie das vom Wasser mitgeführte Holz und Reisig am großen Schluckloch mit einem Gatter ab. Seitdem die Ponore ständig ausgeputzt werden, läuft das Wasser im Becken von Zirknitz zügig ab. Dafür wird jetzt das Polje von Planina überschwemmt!

Inzwischen kennt man das Flusssystem mit den vielen Namen genau. Selbst die kleinen Seitenbäche, die im Gebirge verschwinden, wurden mit Farbe oder Salz markiert und verschiedenen Systemen zugeordnet. Beherzte Höhlenforscher haben die unterirdischen Verbindungen

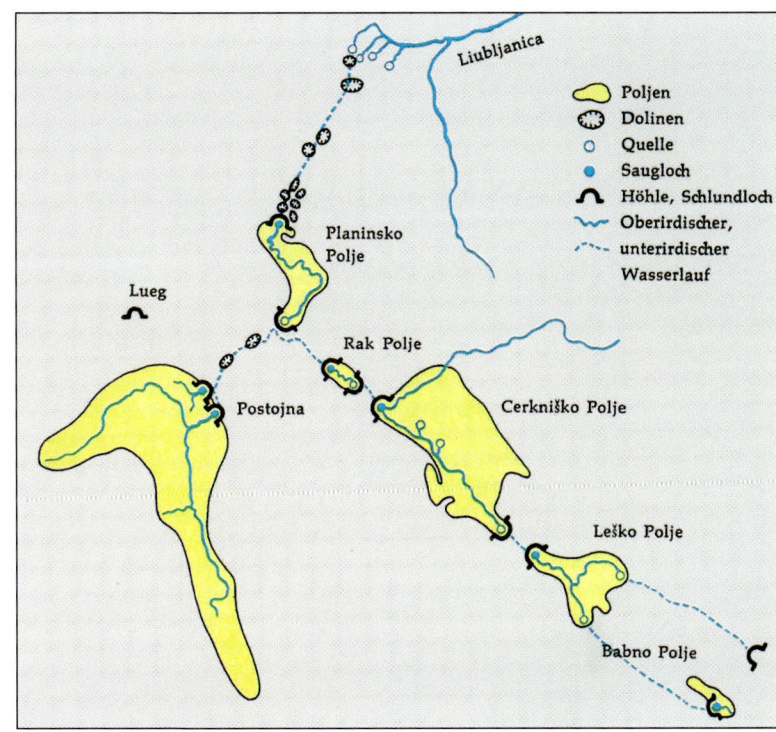

Flüsse mit vielen Namen.

auf weite Strecken mit dem Schlauchboot oder kletternd, schwimmend und tauchend verfolgt. Man weiß jetzt, dass es sich um ein zusammenhängendes System handelt. Nur die alten Namen der Bäche sind geblieben.

Reka und Timavo. Südwestlich des Zirknitzer Sees fließt ein anderer weltberühmter Karstfluss, die Reka. Reka, das heißt ganz einfach »Fluss«; deutlicher muss die Bezeichnung nicht sein, denn es gibt hier nur den einen. Beim Dorf Škocjan, dem alten St. Kanzian, tritt die Reka in ein tiefes Felsental ein, um bald in einer Höhle unter dem Dorf zu verschwinden. Dahinter öffnet sich ein jäher Abgrund. Das Dach über einer Höhle ist eingebrochen. Nur durch eine Naturbrücke getrennt, öffnet sich ein zweiter Abgrund, die Große Doline. Wie durch ein riesiges Fenster schaut man von ihrem Rand hinab zum Fluss, der in 160 Metern Tiefe endgültig im Berg verschwindet.

Dort tost er durch eine der großartigsten Höhlen der Welt, die Rekahöhle, die Škocjanske Jame. Durch einen kurzen Stollen kommt der Besucher von der Seite her, durch eine Tropfsteinhöhle, zur unterirdischen Reka. In der Ferne braust der Höhlenfluss. Nebel weht in die Tropfsteinhöhle herein.

Škocjanske Jame. Ein Abgrund tut sich auf, die unterirdische Schlucht der Reka. In einem engen Canyon tobt der Fluss in der Tiefe. Die Höhle ist hier bis zu 120 Meter hoch. Die Decke verliert sich im Dunkel. Felstrümmer liegen im Fluss, stauen ihn und bilden donnernde Kaskaden. Sechs Kilometer weit sind Höhlenforscher dem Lauf des unterirdischen Flusses gefolgt. Dann senkt sich über dem Totensee die Höhlendecke bis auf das Wasser herab. Die Reka verschwindet in unbekannten Tiefen.

Der verschwundene Fluss

Man setzte Aale mit gekennzeichneten Flossen in die unterirdische Reka ein, um den Lauf zu erkunden. Ein alter Bauer berichtet: »Ja, dann wollte man wissen, wo das Wasser bleibt. Man hat Aale genommen und ihnen in die Flossen gezwickt. Lange hat man gewartet. Nach 55 Tagen sind sie in den Quellen des Timavo, nördlich von Triest, herausgeschwommen.« Mindestens 40 Kilometer waren die Fische durch das Gebirge gewandert. Anscheinend hatten sie es nicht besonders eilig, denn markiertes Wasser trat schon nach zehn Tagen in den Quellen des Timavo wieder zutage.

Herrscht Hochwasser in der Höhle, dann staut sich das Wasser an den Engstellen zurück. Der ganze Hohlraum wird überflutet. 1935 stieg der Höhlenfluss sogar in den Dolinen zu einem 80 Meter tiefen See an.

Ungeheure Kräfte. Die Kräfte, die bei Hochwasser wirksam werden, kann man sich kaum vorstellen. Tonnenschwere Blöcke werden in Bewegung gesetzt. Die mitgeführten Gerölle bearbeiten die Wände in wildem Wirbel. Mit einer Geschwindigkeit, die bis zu neun Meter pro Sekunde erreicht, rast der Fluss durch die Höhlenröhre. Unglaubliche Mengen von Schlamm und losgescheuertes Gestein führt er mit sich. Eine Rechnung ergibt, dass die Reka im Verlauf von einer Million Jahren, so lange gibt es die Höhle schon, allein sechs Kubikkilometer Schlamm über den Timavo dem Adriatischen Meer zugeführt hat.

Trinkwasser. Von großer praktischer Bedeutung sind die Markierungsversuche an Karstgewässern, die zur Trinkwasserversorgung herangezogen werden sollen. Nur wenn die Wandergeschwindigkeit des Wassers im Untergrund gering ist, wenn das Wasser Zeit zur Selbstreinigung hat, Zeit also, um mitgeschleppte Verunreinigungen, Fäulnisstoffe und Krankheitserreger abzubauen, kann es für den menschlichen Bedarf verwendet werden.

Doch die Besiedelung der Karstgebiete wird dichter, die Industrie wächst, der Verkehr nicht weniger. Kilometerlange Tunnel durch verkarstete Gebirge sind geplant. So soll der ICE, um 25 Minuten rascher von Stuttgart nach München zu kommen, in einem 13,5 Kilometer langen Tunnel geführt werden. Hat man dabei das sensible Karstwasser im Albkörper bedacht? Es besteht die Gefahr, dass wertvolle Trinkwasserreserven verdorben werden.

Abwässer belasten immer noch viele Bäche und Sickerstellen. Gefährlich wird es, wenn ein Öltank oder eine Abwasserleitung bricht. Allheilmittel gegen solche Unfälle gibt es nicht, aber vermeiden kann man sie allemal.

Die Höhlenforschung leistet gerade auf dem Gebiet der Gewässererkundung einen wichtigen Beitrag für die Gesunderhaltung der Umwelt und damit auch der Menschen.

Linke Seite: Riesendoline mit Karstwassersee im kroatischen Karst.

Hungerbrunnen heißt diese Quelle in einem Nebental der Lone. Wasser fließt hier nur in sehr nassen Jahren.

Vorstoß in die Unterwelt

Faszination. Viele Menschen sind von den Geheimnissen und Schönheiten der Höhlen gefesselt.
Im Fahrstuhl gleiten jährlich mehr als 100 000 Besucher in die Tropfsteinhallen der Grotta di Castellana bei Bari. Die japanische Höhle Akiyoshi-do wird von mehr als 500 000 Menschen besucht. 600 000 rollen Jahr für Jahr mit der Höhleneisenbahn in die Adelsberger Grotte, die Postojnska Jama in Slowenien, eine der berühmtesten und schönsten Höhlen der Welt. In die Carlsbad Caverns in Arizona zieht es in der Hochsaison bis zu 10 000 Menschen an einem einzigen Tag. Die Bärenhöhle in der Schwäbischen Alb brachte es im Jahr 2000 immerhin auf 134 000 Besucher.

Millionen wandern weltweit durch die Hallen auf schmalen Stegen und Leitern. Im hellen Licht der Scheinwerfer schimmern die Tropfsteine, glitzern die Wände. Presslufthämmer brechen einen Durchgang in den weißen Kalkstein. Er führt 100 Meter tief hinab und ist abgeschrankt. Ein Bärenskelett wurde ins Licht

gerückt. An der Messstation kann der Besucher ablesen, dass die Temperatur jahraus, jahrein 9,5 Grad Celsius beträgt, die Luftfeuchtigkeit 93 Prozent. Die Windgeschwindigkeit schwankt beträchtlich.

Jeder spürt es, selbst wenn er nur für kurze Zeit und auf wohl vorbereiteten Pfaden in die unterirdische Welt eindringt: Hier ist das Zeitalter der Entdeckung noch nicht zu Ende. Wohin führt der Kamin in der Höhlendecke? Was verbirgt sich hinter den tonnenschweren Blöcken, die den Gang versperren? Woher kommt der Höhlenfluss? Fragen bleiben, doch eine Möglichkeit, ihnen wirklich nachzugehen, hat der Besucher so gut wie nie. Dafür bedarf es nicht nur der richtigen Ausrüstung, jeder Vorstoß in die unbekannten Tiefen ist mitunter sehr riskant.

Lampe und Helm. Im flackernden Licht der Fackeln drangen die »Altvorderen« in die Höhlen ein. Heute ist die Fackel verpönt. Ihre blakende Flamme ist gar nicht so hell, wie man

ner selbst ist fest montiert. Aus zwei nadelfeinen Düsen strömt das »Leuchtgas«.

Normalerweise trägt man die Karbidlampe am eisernen Bügel. Eine Schlauchleitung, die vom Gasentwickler zu einer Stirnlampe am Schutzhelm führt, ist vorzuziehen. Sie macht die Hände frei. Das ist ein beachtliches Plus, denn oft genug ist der Höhlengänger auf zwei Hände angewiesen: beim Klettern, beim Kriechen durch enge Röhren, auch beim Schwimmen. Ein weiterer Vorzug der Stirnlampe, ob mit Karbid oder elektrisch betrieben, besteht darin, dass der Lichtschein mit jeder Kopfwendung ganz von selbst in die gewünschte Richtung fällt. Dass man sich zur Not an der Karbidlampe die Hände wärmen oder in einem Metallbecher heißen Tee kochen kann, weiß der Höhlengänger zu schätzen, der Stunden in der kalten Tiefe zugebracht hat. Mit einer Füllung, das ist eine gute Hand voll Karbid, und einem Viertelliter Wasser brennt eine ordentlich eingestellte Lampe acht bis zehn Stunden.

Höhlenforscher vor 100 Jahren.

Rechte Seite: Inzwischen hat sich die Ausrüstung erkennbar verbessert.

meinen könnte, sie qualmt. Kräftige elektrische Taschenlampen, am besten wasserdichte Taucherlampen sind empfehlenswert. Ein gutes Raumlicht liefert immer noch die gepflegte, gute alte Bergwerkslampe, die mit Karbid betrieben wird.

Karbidlampen sind einfach und schlagfest gebaut: Mit einem Bügel, der durch eine Schraube festgezogen werden kann, lassen sich die beiden Hälften des Gasentwicklungssystems zusammenpressen. Im oberen Teil der Lampe liegt ein kleiner Tank, aus dem Wasser durch einen Tropfhahn in die untere Hälfte fließen kann. Dort liegen Brocken von Kalziumkarbid, die zusammen mit Wasser das brennbare, leuchtende Gas Acetylen entwickeln. Der Bren

Sondermüll. Ohne Probleme ist auch die Karbidlampe nicht. Die Gasaustrittsdüsen werden leicht durch den Höhlenlehm verschmiert oder durch Ruß verstopft. Ein Düsenreiniger, am besten Ersatzdüsen, gehören deshalb zur notwendigen Ausrüstung.

Das ausgediente Karbid, das sich im Gasentwickler der Lampe zusammen mit dem Wasser in einen weißen Brei von Kalziumhydroxid verwandelt hat, darf auf keinen Fall weggekippt werden, weil es alle Lebewesen, besonders die Wassertiere, verätzt. Außerdem bildet Acetylen mit Luft ein explosives Gemisch. Deshalb trägt man den Karbidschlamm in einer Büchse wieder mit zurück und entsorgt ihn als Sondermüll.

Karbidlampe und Schutzhelm haben sich lange Zeit im Bergbau bewährt. Helme sind im Übrigen nicht nur gegen herabfallende Steine und Tropfwasser gut. Sie schützen den Kopf vor den scharfen Kanten und Zacken der Höhlendecke und den Spitzen herabhängender Tropfsteine. Überdies kann man sich mit dem »helmbewehrten« Kopf auch abstützen.

Klettern. Tropfwasser macht die Wände glitschig. Lehmverschmierte Profilsohlen finden am Höhlenfels wenig Halt. Sorgfältige Seilsicherung ist für jeden Vorstoß in unbekannte Höhlengänge, vor allem in Schächten und Kaminen, unerlässlich. Neben der alpinen Klettertechnik mit Felshaken, Karabiner, Brust- und Trittschlinge spielt in der Höhlenbefahrungstechnik noch eine Reihe besonderer Methoden eine Rolle.

Im Höhlenfels gibt es weniger brauchbare Risse in der Wand als im Fels. Meist sind sie mit Sinterkalk ausgefüllt oder aber lehmverschmiert.

An die Stelle des üblichen Kletterhakens tritt deshalb, wenn unbedingt nötig, die leichte, stabile Aluminiumlochplatte, gehalten von einer Stahlschraube, die in ein vorgebohrtes Loch gedreht wird. An solchen Dübelplatten lassen sich Schlingen und Seile sicher befestigen. Lange Schraubenstifte kann man zur Not auch direkt als Trittsprossen benützen. Eines gilt für alle Kletterer, ob im Fels oder in der Höhle: Haken und Sprossen nur einsetzen, wenn es wirklich nicht anders geht.

Abwärts. In Höhlen mit größeren Höhenunterschieden spielen Stahlseilleitern immer noch eine Rolle. Sie wurden aus der guten alten Strickleiter entwickelt. Anstelle der beiden Hanfseile besitzen sie Drahtseile aus scheuerfestem Stahl, die bei den neueren Typen nicht

dicker als drei Millimeter sind. Im Abstand von 25 Zentimetern sind runde Aluminiumsprossen eingezogen, die gerade so lang sind, dass ein kräftiger Männerschuh Platz findet. Eine zehn Meter lange Stahlseilleiter, das entspricht der Norm, wiegt etwa anderthalb Kilogramm. Zum Transport wird die Leiter zur Trommel aufgerollt. An einem Felsvorsprung oder einem sicheren Haken wird sie verankert und dann als Rolle in den Schacht geworfen. Sie wickelt sich ab und hängt sich aus. Ist der Abgrund tiefer, so lassen sich bei Bedarf mehrere Leitern miteinander verbinden. Die Verbindung muss sicher sein und sich selbst mit klammen Fingern noch schließen oder lösen lassen. Um dies zu erreichen, wurden Verbindungsglieder, der Höhlengänger nennt sie Hadesringe, als Kupplung entwickelt.

Inzwischen wurde vor allem für tiefe Schächte die »Einseilklettertechnik« entwickelt, bei der bewegliche Seilklemmen die Sicherung gewährleisten. Ungeübte sollten die Finger davon lassen. Es ist sinnvoll, ihren Einsatz zusammen mit erfahrenen Höhlengängern zu üben.

Auch wer »nur« auf einer Seilleiter absteigen will, kann seine blauen Wunder erleben: Setzt er einen Fuß einfach unter den anderen, so drückt er die Sprossen und damit die Seilleiter von sich weg und hängt nach wenigen Tritten waagerecht im Raum. Es empfiehlt sich, den Trapezkünstlern im Zirkus zuzuschauen, wenn sie auf schwankenden Seilleitern auf- und absteigen. Wie die Artisten setzt der geübte Kletterer den Fuß mit der Fußspitze voran auf die erste Sprosse, auf die Sprosse darunter tritt er mit der Ferse voran von der Gegenseite der Leiter, so kommt der Druck auf die Leiter abwechselnd von vorne und von hinten und hält sie auf diese Weise einigermaßen senkrecht. Ein Sicherungsseil, an der Brustschlinge befestigt, ist unerlässlich.

E. W. Bauer (mit rotem Helm) und eine junge Mannschaft.

Tod im Schacht. Die riesigen, abgrundtiefen Schächte in den Pyrenäen, den Alpen und in den südosteuropäischen Gebirgen lassen sich mit Drahtseilleitern nicht befahren. Deshalb setzte man, bevor die Einseilklettertechnik entwickelt wurde, Seilwinden ein. Von einer Trommel lief ein dünner »Lebensfaden« ab, an dem der Höhlenforscher am Fallschirmgurt in unerforschte Tiefe schwebte.

Bald umgibt den schwebenden Mann nur noch grenzenloses Dunkel. Der Lichtfleck über ihm, ein Stückchen blauer Himmel, wird rasch kleiner. Jeder Ruck im Seil belastet die Nerven bis zum Zerspringen. Nur noch das Telefonkabel verbindet den Mann am Seil mit der Außenwelt. Langsam dreht er sich um seine Achse. Ein Lichtstrahl tastet in die Finsternis, doch die Wände und der Abgrund bleiben unsichtbar.

Fünf Millimeter dick ist das Stahlseil, dem sich Marcel Loubens und seine Freunde im August 1952 anvertrauen. Die Erforschung der Höhle von Pierre Saint Martin in den Westpyrenäen ist ihr Ziel.

Ein senkrechter, kreisrunder Schacht öffnet sich. 360 Meter tief führt er hinab. Ein Jahr zuvor

Schlauchbootfahrt auf dem Höhlensee: romantisch, aber nur selten lohnt sich der Aufwand, schwere Gummiboote tief in die Höhle zu schleppen.

hatten die Männer diesen Schacht zum ersten Mal am Stahlseil der Winde befahren. Diesmal wollen sie weiter kommen. Doch der stählerne Lebensfaden ist nicht sicher. Er springt aus der Halterung, als er Marcel Loubens nach dem erfolgreichen Abstieg wieder nach oben tragen soll. Marcel stürzt! Mit gebrochenem Rückgrat liegt er auf den Felstrümmern am Grunde des Schachts, unfähig, sich zu bewegen.

Seine Freunde wachen bei ihm eine lange, 24-stündige Nacht. Aus aller Welt wird Hilfe angeboten, doch niemand kann wirklich helfen,

auch nicht der Arzt, der über das Telefon seine Anweisungen gibt. Mehr als ein Tag vergeht, bis endlich die Winde wieder funktionsbereit ist und den Arzt zu Marcel in den Schacht bringt. Das Ergebnis der Untersuchung ist schlimmer als erwartet: Arm, Kiefer, Schädel und Rückgrat sind gebrochen. An Ort und Stelle gibt es keine Chance, Marcel zu helfen. Eine Tragbahre mit dem Verunglückten trägt das dünne Seil nicht. Ein zweites Seil muss her. Doch das dauert. Erst nach fünf Tagen ist es am Schacht. Das zweite Seil verstärkt das Unglücksseil. Die Bahre mit Marcel wird eingehängt. Doch bevor die

Vorstoß in die Unterwelt

Maschine anläuft, um den Schwerverletzten nach oben zu bringen, bemerken seine Freunde, dass er gestorben ist. Dann läuft die Winde wieder an. Unendlich langsam dreht sich die Trommel. Mit einer Geschwindigkeit von höchstens sechs Metern pro Minute werden die Bahre und später die Überlebenden nach oben gezogen. Zwei Stunden lang hängt auch ihr Leben am dünnen, stählernen Faden.

Aufwärts. Stahlseilleitern, Seilwinden und Einseilklettertechnik eröffneten neue Möglichkeiten, um in die Tiefe vorzustoßen. Um aber aus der Hohle aufsteigende Schächte zu bezwingen, müssen andere Verfahren entwickelt werden. Natürlich kann man sich, wenn der Schacht oder die Klamm eng genug ist, in der üblichen Kamintechnik langsam mit Beinen, Rücken und Armen nach oben stemmen. Man kommt auch mithilfe von Bohrhaken, Aluminiumsprossen und Trittschlingen aufwärts. Wo sich aber in einer großen Halle irgendwo an der Decke ein Loch öffnet, sind solche Methoden unzulänglich. Eine Kletterstange kann weiterhelfen, eine zerlegbares stabiles Aluminiumrohr, aus mehreren Teilstücken zusammensteckbar, so wie ein guter alter Zeltstab. Mit Halteseilen lässt sich diese Stange wie der Mast im Zirkuszelt stabilisieren. Oben ist die Seilleiter eingehängt. Von der schwankenden Stange aus sucht der erste Mann einen festen Platz, zieht eine Stahlseilleiter nach, verankert sie und sichert die Nachfolgenden. Eines darf man allerdings in einer Höhle nie vergessen: Meist ist der Eingang auch der Ausgang. Ein Kamin wird auf dem Rückweg zum Schacht.

Eis und Wasser. In eisigen Hochgebirgshöhlen kommt man ohne Eispickel und Steigeisen so wenig voran wie auf einem Gletscher. Ganz besondere Anforderungen stellen die wasserdurchflossenen Höhlensysteme an ihre Erforscher. Natürlich hält man eine Weile selbst in kühlem Wasser in Badehose und einem warmen Pullover durch. Doch lange geht das nicht gut. Man sollte den Wärmeverlust nicht unterschätzen. In null Grad Celsius kaltem Wasser kann man vielleicht zwölf Minuten überleben. Bei fünf Grad Celsius bis zu 30 Minuten. Bei zehn Grad Celsius, ein Wert, der für viele Höhlengewässer zutrifft, 30 bis 60 Minuten. Bei höheren Temperaturen steigen die Chancen rasch. Schon bei 15 Grad hält man bis zu zweieinhalb Stunden durch, bei 25 Grad sogar drei Tage und mehr.

Schon vor Jahren, als es noch keine Taucheranzüge gab, trugen erfahrene Höhlengänger statt der sportlichen Badekleidung lieber zwei Paar Socken, zwei Paar Unterhosen und zwei lange Hosen darüber, warme Unterhemden und zwei Pullover. Diese Montur, zusammengehalten von einem Overall, entspricht im Prinzip einem Nasstauchanzug, bei dem je nach Wassertemperatur eine fünf bis elf Millimeter dicke Schaumstoffschicht den Körper gegen Unterkühlung schützt. Der Wasserfilm zwischen Haut und Gummi wird vom Körper erwärmt. Luft und Wasser sind schlechte Wärmeleiter, sie isolieren den Körper ausgezeichnet. Solange nicht ein Strom von kaltem Wasser die Wärme abführt, fühlt man sich wie in der Badewanne.

Schlauchboot. Ist das Wasser tief und breit genug, können Schlauchboote eingesetzt werden. Das erleichtert vor allem den Transport der technischen Ausrüstung. Es gibt auch kaum ein eindrucksvolleres Erlebnis, als im Boot auf einem rauschenden Höhlenfluss zu fahren oder fast lautlos über einen nachtblauen Höhlensee zu gleiten. Allerdings muss man sich genau überlegen, ob es sich lohnt, Schlauchboote über weite Strecken durch trockene Höhlen zu tragen, nur um ein kurzes Stück fahren zu können. Meist ist es besser, die kurze Strecke zu schwimmen und das Material in stabilen Plastiksäcken vor sich her zu schieben. Solange die Höhlendecke nur hoch genug über dem Wasser liegt, ist die Durchquerung eines Sees kein Problem. Im Gegenteil! Seit es Taucheranzüge gibt, ist es meist bequemer, im tiefen Wasser zu gehen oder zu schwimmen als über scharfkantige oder lehmüberzogene Blöcke zu klettern und das Gepäck zu tragen.

Schwieriger wird es, wenn sich die Höhlendecke tief herabsenkt und nur noch wenig Luft zwischen Wasserspiegel und Fels bleibt. Da kommt es schon vor, dass selbst ein erprobter Höhlenforscher, dem sonst kein Abgrund zu tief und keine Kletterei zu schwierig ist, zögert. Es ist nicht jedermanns Sache, sich im Wasser auf den Rücken zu drehen und, nur das Gesicht in der Luftspalte, mit Händen und Füßen wie ein Käfer an der Höhlendecke entlangzukrabbeln.

Durch den Siphon. Senkt sich der Fels bis ins Wasser ab, entsteht ein Wasserverschluss, ein Siphon. Selbst für gute Schwimmer ist dann die Höhle zu Ende. Nur noch erfahrene Gerätetaucher kommen dann weiter. Andernfalls muss ein Kanal durch den Versturz gegraben werden, keine Kleinigkeit, wenn die Blöcke groß sind und der Stauraum in der Höhle für das abgeräumte Material klein ist. Dennoch glückte es bei einer Reihe von Wasserhöhlen, auf diese Weise einen Durchschlupf durch einen Siphon zu öffnen. So gelang es bereits Ende der 1950er-Jahre, in der Falkensteiner Höhle in der Schwäbischen Alb einen neuen, langen Abschnitt zu entdecken, der inzwischen auf knapp fünf Kilometer Länge erforscht ist. Mehrfach ist er durch weitere Siphons versperrt.

Bei niedrigem Wasserstand klafft heute am ehemaligen ersten Siphon eine handbreite Luftspalte. Aus der etwa zehn Meter langen Tauchstrecke durch den Siphon ist eine Schwimmstrecke geworden. Durch die Öffnung des Siphons sind aber keineswegs alle Gefahren ausgeschaltet. Bei einem Wolkenbruch oder bei plötzlicher Schneeschmelze schwillt der Höhlenbach innerhalb weniger Stunden gefährlich an. Dann schließt sich der Spalt zwischen Wasser und Fels. Ein »Hochwassersiphon« entsteht. Rasch zufließendes Wasser staut sich vor der Engstelle und bildet einen tiefen Höhlensee. Wer nicht rechtzeitig den Rückweg angetreten hat, ist gefangen. Selbst ein geübter Taucher mit Tauchgeräten tut sich nicht leicht, einen Siphon bei starkem Hochwasser im trüben Wasser zu meistern.

Eingeschlossen. Im Februar 1964 gehen vier Studenten biologischen Untersuchungen in der Falkensteiner Höhle nach, als auf der Hochfläche über der Höhle überraschend die Schneeschmelze einsetzt. Das Wasser überflutet die Gänge so rasch, dass sich der Siphon schließt. Es bleibt nur der Rückzug auf eine hoch gelegene Trümmerhalde! Drei Tage lang harren sie auf diesem Blockversturz aus. Es gelingt, die Studenten bei sinkendem Wasserstand zu befreien. Zum Glück waren sie gut ausgerüstet und behielten die Nerven.

Im riesigen Höhlensystem des Höllochs im Muotatal in der Schweiz wurde eine Vermessungsgruppe über zehn Tage lang vom Wasser eingeschlossen. Nur ihrer eisernen Disziplin und der hervorragenden Ortskenntnis verdanken sie ihr Leben.

Berüchtigt ist die Lurhöhle in der Steiermark, deren unterirdische Wasserläufe sieben Höhlenfreunde eine Woche lang gefangen hielten. In einem hohen Kamin, aber selbst dort nur wenige Meter über dem Wasser, hielten sie durch, bis Pioniere einen Rettungsstollen durch den Berg gesprengt haben. Dabei hätten sie den Weg ins Freie trotz des steigenden Wassers noch gut geschafft, wenn nicht eine konkurrierende Gruppe sich den »Streich« erlaubt hätte, Ausgang und Wasserabfluss mit Steinen und Balken zu verrammeln. Ein böser Einfall, der die sieben Männer fast das Leben gekostet hätte!

Wetter. Wasserdurchflossene Höhlen sind grundsätzlich gefährlich. Immer gilt es, das Wetter im gesamten Einzugsgebiet zu bedenken. Ein Wolkenbruch in den Bergen, von dem man im Tal gar nichts bemerkt, kann gefährlich werden; genauso eine unvermittelt einsetzende Schneeschmelze. Erfahrene Höhlengänger brechen ihre Unternehmungen deshalb in den Alpen bei einsetzendem Föhn sofort ab. Nach Möglichkeit versuchen sie, auch im Innern der Höhle die neuesten Wettermeldungen zu empfangen. In einigen Höhlen ist an bestimmten Plätzen Rundfunkempfang möglich.

Tauchen. Inzwischen hat sich das Höhlentauchen zu einem eigenen Zweig der Höhlenforschung entwickelt. Dazu ist neben einer hervorragenden Kondition eine spezielle Ausrüstung nötig. Jochen Hasenmayer stellte mit innovativen Techniken und immer größeren Atemgeräten, die schließlich 24 000 Liter Luft mit einem Gewicht von 175 Kilogramm enthielten, eine Reihe von Strecken- und Tiefenrekorden auf. So steigerte sich die Tauchlänge wie folgt: 1969 bis 567 Meter, 1970 bis 780 Meter, 1973 bis 930 Meter, 1981 sogar 1755 Meter. Immer hat der Taucher, wenn er am Ende seiner Strecke ist, den genauso langen Rückweg zu bedenken. Die größten Tiefen erreichte er 1981 mit 145 Metern und 1983 mit 205 Metern in der Fontaine de la Vaucluse.

Im Blautopf am Südrand der Schwäbischen Alb erreichte er nach einem Unterwasserweg von 1230 Metern in einer lufterfüllten, von Tropfsteinen geschmückten Halle den »Mörikedom«. Die unglaubliche körperliche und psychische Belastung jedoch, die sich hinter diesen Zahlen verbirgt, lässt sich nur erahnen.

Mut, Wissen und Kaltblütigkeit sind die entscheidenden Voraussetzungen für den Erfolg. Aber auch die körperliche Leistungsfähigkeit muss den Anforderungen gerecht werden. Vor allem auf die Ausdauer kommt es an, auf die Verlässlichkeit aller Organe. Nicht nur die »Schwimmmuskeln« werden belastet, sondern vor allem Herz und Lunge.

Eine erprobte und planmäßig zusammengestellte Ausrüstung ist natürlich wichtig für den Erfolg. Nicht anders als für das Freiwassertauchen gilt für das Höhlentauchen ein Gebot höchster technischer Sicherheit, ganz besonders, wenn der Tauchvorstoß im Alleingang stattfindet.

In Meer und Seen verstoßen Alleingänge gegen die Grundregel: Partnerschaft bedeutet Sicherheit. Beim Höhlentauchen ist das anders. Erfahrene Höhlentaucher handeln nach der Devise »Mich kann keiner retten und ich kann keinen retten«. Zusätzliche Sicherheit bringt am ehesten ein zweites, unabhängiges Atemgerät.

Trübes Wasser. In der Höhle der unterirdischen Donau, der Aachhöhle, beträgt die Sichtweite bergeinwärts allenfalls 50 Zentimeter. Auf dem Rückweg ist das Wasser durch den aufgewühlten Schlamm so trüb, dass man die Hand nicht mehr vor Augen sieht. Schon deshalb ist Hilfe so gut wie nicht mehr möglich. Sobald man sich aber aus den Augen verliert, erwächst aus der

Höhlentauchen ist anstrengend. Ungeübte ermüden rasch.

Sorge um den verschwundenen Begleiter große Unsicherheit.

Anders ist es in den riesigen Höhlen mit glasklarem Wasser, wie es sie in Florida gibt, und in den Blue Holes auf den Bahamas. Dort verhält man sich so wie im offenen Wasser. Die Signale für die Verständigung unter Wasser müssen allerdings vorher verbindlich festgelegt und trainiert werden.

Ausrüstung. Jochen Hasenmayer hat sie für sich selbst entwickelt. Auch unter Wasser trägt er einen Schutzhelm. Daran sind zwei oder vier Scheinwerfer so montiert, dass sie das Blickfeld ausleuchten. Vier unabhängige Scheinwerfer statt einer einzigen großen Lampe. So ist garantiert, dass, selbst wenn drei der vier Leuchten ausfallen, die vierte genügt, um den Weg einigermaßen auszuleuchten.

Auch seine Luftversorgung hängt nicht an einem einzelnen Pressluftsystem, sondern an vier unabhängigen Atemgeräten. Vier weitere Druckschläuche, die mit den Flaschen in Verbindung stehen, wirken auf ein Manometer mit einem Tastfühler, an dem er selbst im trüben Wasser ertasten kann, wie es um seinen Luftvorrat steht. Knie und Ellenbogen sind mit Gummipolstern geschützt, auch um notfalls kriechen und robben zu können. Die Taucherbrille ist flach, um einen möglichst großen Gesichtskreis freizugeben. Ohne Tiefenmesser, Kompass und Uhr taucht man in der Höhle genauso wenig wie im offenen Wasser.

Die Gefahr, dass sich ein Taucher in einer großen Unterwasserhalle ohne deutliche Strömung im Kreis bewegt, ja, bei »Nullsicht« sogar oben mit unten verwechselt und schließlich jede Orientierung verliert, ist groß. Verzweigungen der Höhle können zum Verhängnis werden. Das wichtigstes Orientierungsmittel ist ein dünner Stahldraht, der vom Höhleneingang an abgespult. An ihm kann sich der Taucher zurücktasten, wie einst der sagenhafte Theseus am Faden der Ariadne aus dem Labyrinth des Minotaurus.

Tückischer Faden. Selbst die Grundregel: »Kein Meter Höhlentauchen ohne Leine!« garantiert keine hundertprozentige Sicherheit. So berichtet Jochen Hasenmayer nach einem Vorstoß in die Aachtopfhöhle: »Nach 305 Metern endet der Gang als Sackgasse. Zwei Spalten und ein Loch an der Höhlendecke sind unpassierbar. Ich verankere den Ariadnefaden im Fels und trenne ihn vom Gürtel, um einen neuen Sicherheitsdraht anzuhängen. Da löst sich der Draht von der Felswand und schnellt ins trübe Wasser zurück. Der Rückweg scheint verloren. Wie im Traum taste ich mich mit den Händen am Grund entlang. Der Draht ist fort! Ich greife in den trüben Raum um mich, tauche zurück. Rund 20 Meter von der Abrissstelle entfernt bekomme ich wie durch ein Wunder den abgetriebenen Ariadnefaden zu fassen. Alle Not fällt von mir ab. Die Finsternis weicht zurück. Der Rückweg zur Sonne ist frei!«

Doch wer behält unter solchen Umständen schon die Nerven? Es ist kein Wunder, dass die Höhlentaucherei viele Opfer gefordert hat. Allein in Florida kamen 400 Höhlentaucher nicht zurück, sportliche Männer und Frauen, die die Tücke der so klaren Höhlengewässer unterschätzten. Viele dieser großen Höhlen sind verzweigt, irgendwo sammelt sich immer Schlamm an, und wenn dann der gelbe Nebel kommt, versagen die Nerven. Auch in Deutschland gab es in den Quellhöhlen der Schwäbischen Alb Todesopfer.

Tiefenrausch. Sobald der Taucher tiefer als 30 Meter gehen will, droht der berüchtigte Tiefenrausch. Der Druck der Wassersäule beträgt vier Bar. Das führt dazu, dass sich mehr Gase der Atemluft, vor allem Stickstoff, im Blut lösen als bei normalem Luftdruck. Dies führt zu einem rauschartigen Zustand. Der Taucher fühlt sich frei und schwerelos, verwechselt die

Richtungen. Das bemerkt er. Panik kommt auf, sein Luftbedarf steigt. Das Gefühl, nicht genug Luft zu bekommen, stellt sich ein. In der Verzweiflung atmet er Wasser ein und ertrinkt,

Linke Seite: Alle wichtigen, lebenserhaltenden Systeme hat der Taucher mindestens doppelt: Luft, Licht, Kompass, Tiefenmesser, Uhr.

Im trüben Wasser bietet nur der Ariadnefaden sichere Orientierung.

obwohl seine Pressluftflaschen noch reichlich Reserve anzeigen.

Wie beim Freiwassertauchen verlängert das Tieftauchen die Auftauchzeiten. Das im Blut zusätzlich gelöste Gas reagiert bei raschem Auftauchen genau wie das Kohlendioxid im Sprudelwasser, wenn die Flasche rasch geöffnet wird. Im Blut bilden sich Bläschen, die die feinen Adern im Gehirn, im Herzmuskel, in der Lunge, vor allem aber im Rückenmark verstopfen. Muskelschmerzen, Lähmungen und in schweren Fällen der Tod sind die Folge davon.

Nicht wenige Karstquellen führen so tief hinab, dass die Gefahrenzone erreicht wird. Hasenmayer hat als Einziger den Quelltopf der Vaucluse bei Avignon, der größten Quelle Europas, tauchend bis auf 205 Meter Tiefe durchmessen. Ein Tauchroboter erreichte schließlich den Grund in 308 Metern Tiefe.

Mit raffinierten Tauchgeräten jedoch, vor allem mit propellergetriebenen Unterwasserschlitten, ist es möglich, die Tauchzeiten und damit die Gefahren der Auftauchkrankheit zu verringern. Die Vorstöße werden weiterführen, hinab in immer größere Tiefen im Innern des Gebirges. In verborgene Hallen mit dunklen Seen und gleißenden Tropfsteinkaskaden.

Tauchfahrt ins Herz der Alb. Eine Ahnung von dem, was den Taucher erwarten könnte, findet man bei Eduard Mörike in seinem Märchen vom Stuttgarter Hutzelmännlein. In den wassererfüllten Räumen tief im Berg wohnt, so will es seine Sage von der Schönen Lau, eine Wasserjungfrau mit ihrem Gefolge in prächtige Gemächer und Hallen. Der Dichter war fasziniert von der himmlischen Farbe des Blautopfs, seiner unergründlichen Tiefe und dem unver-

mittelten Aufbrausen der Quelle. Neben dem Aachtopf ist der Blautopf die stärkste Quelle Deutschlands. Bei Hochwasser schüttet er bis zu 33 Kubikmeter pro Sekunde.

Wie eine Bestätigung des Märchens wirkt der Bericht des Höhlentauchers Jochen Hasenmayer: »Mit 300 Kilogramm Tauch- und Dokumentationsgerät gelingt mir am 4. November 1985 eine 1250 Meter weite Tauchfahrt in die Blauhöhle. Dort lande ich in einem unterirdischen »Hafenbecken«. Die Wände tragen »Medusenhäupter«, subtropische Tropfsteinformationen auch unter Wasser. Sie mussen in einer Warmzeit entstanden sein, älter sein als eine Million Jahre. Meine Luftblasen steigen an ihnen hoch und zerplatzen sechs Meter über mir an einer quecksilbernen, wabbernden Fläche: der Grundwasserspiegel. (...) Noch 55 Minuten muss ich dekomprimieren, dann tauche ich auf. Meine Helmlichter verlieren sich in lufterfüllter Nacht, im größten Hohlraum der Schwäbisch-Fränkischen Alb. Im acht Meter tiefen See schwimme ich zum Ufer. Mit den Flossen finde ich Halt im steilen Lehmhang. Bis zur Brust stehe ich im Wasser. Ich kippe die laufende Filmkamera aufrecht und stemme sie mitsamt den brennenden Scheinwerfern aus dem grünlich gleißenden abfließenden Wasser. Die Lichtbahn streicht die Ostwand hinauf durch Tropfsteingenerationen, wandert höher ins Dunkel, in Sinterkaskaden, die aus der Höhe eines zehnstöckigen Hauses herunterzutropfen scheinen. Das ist der »Mörikedom«. In Jahrmillionen langer Finsternis wölbt er sich über dem größten deutschen Höhlensee. Die Schöne Lau, die Nixe, hat mir einen großartigen Empfang bereitet.«

Das U-Boot – »Speleonaut«. Bei einem Tauchgang im Wolfgangsee im Salzkammergut arbeitet Hasenmayer in 85 Metern Tiefe. Dort herrscht ein Druck von 85 Bar. Beim Aufstieg zeigt der Tiefenmesser falsch an. Ein Dekompressionsunfall droht. Also ab in die Druckkammer. Zurück auf zehn Bar. Doch es kommt anders. Nur ein Fünftel des Drucks wird aufgebaut, das entspricht einer Tiefe von 20 Metern, das ist zu wenig! Stickstoffbläschen bilden sich im Blut. Die Sauerstoffversorgung der Nervenbahnen im Rückenmark versagt. Es kommt zu einer Querschnittslähmung.

Letzte Sicherheitskontrolle im Wasser. Noch ist der Pilot mit dem Techniker durch Sprechfunk verbunden.

Der leidenschaftliche Höhlenforscher gibt aber nicht auf. Er entwirft im Rollstuhl das erste Höhlen-U-Boot der Welt. Sein Freund, Konrad Gehringer, Orgelbauer von Beruf, baut es. Mit einer Breite von 72 Zentimetern und einer Höhe von 100 Zentimetern soll es die engsten Passagen der Blauhöhle durchfahren können. In diesem Kleinst-U-Boot sind alle Systeme mehrfach vorhanden: Sechs Atemgeräte erlau-

Ein Schnitt durch den Blautopf und den Eingangsbereich der Blauhöhle.

ben eine Tauchdauer von 90 Stunden, das sind fast vier Tage! Acht Batteriesysteme speisen 16 Scheinwerfer, zwei Steuerstände und zwei Ausstiegsluken: neun Propellermotoren bewegen den »Speleonauten« und lassen ihn aufs Feinste steuern. Nach der Jungfernfahrt im November 1991 ist sicher, dass dieses Boot seine ungewöhnlichen Aufgaben erfüllen kann: Vorstoß, Erforschung und Dokumentation zugleich. Inzwischen ist auch die Tiefentauglichkeit dieses bemerkenswerten Forschungs-U-Bootes getestet. Am Teufelstisch im Bodensee erreichte es eine Tiefe von 110 Metern.

Im Vergleich zum Taucher hat der U-Boot-Fahrer keinen unmittelbaren Kontakt mit dem Wasser ringsum. Er ist von Luft umgeben, von seiner normalen Atmosphäre. Er hat Rundumsicht. Fünf Zentimeter dickes Acrylglas schützt ihn vor dem Druck der Tiefe. Auch an den Notfall ist gedacht. Wenn es nicht mehr weitergeht, bleibt der Ausstieg am Heck. Dort kann er fünf Atemgeräte mit zwei Propellermotoren vom Speleonauten ablösen und zurückfahren, den langen Weg zurück in die Quelle, den Blautopf.

Am 29. Juni 2001 ist die Schüttung soweit zurückgegangen, dass Hasenmayer den seit Monaten geplanten Vorstoß wagen kann. Vier, fünf Proberunden in der blauen Quelle. Gegen 19 Uhr taucht er ab. Unter der Felskante über der Düse, aus der das Wasser herausquillt, verschwindet das Boot in 22 Metern Tiefe. Der Funkkontakt bricht ab. Der Mann in seinem U-Boot ist getrennt von der bewohnten Welt. »Wenn ich in 22 Stunden nicht zurück bin, Ret-

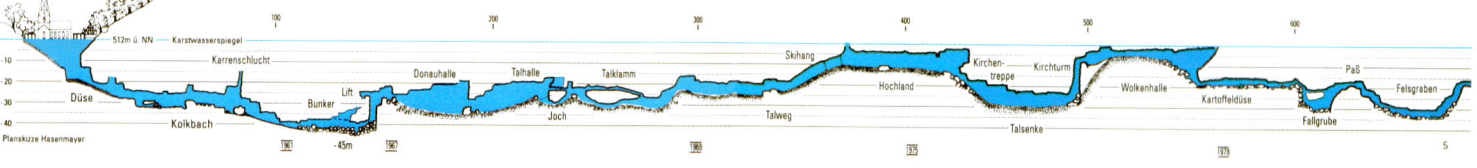

Vorstoß in die Unterwelt

tungstaucher schicken!« Es wird Nacht, ein Lichtschein in der Tiefe. Neun Stunden war Hasenmeyer in der Unterwelt. »Ich habe den Mörikedom erreicht! Die Höhle hat eine Fortsetzung!«

Vermessen. Der sportliche Vorstoß in die Tiefe eines Höhlensystems ist und bleibt ein Abenteuer. Die genaue Vermessung einer Höhle, die Entwicklung eines Höhlenplans verlangt darüber hinaus Pünktlichkeit und Ausdauer: wenig Licht, die Finger klamm und lehmig, das Papier verschmiert und nass, das Maßband aufgescheuert, die Zahlen kaum noch leserlich. Eine Schreckensvision für einen Geometer. Aus dem Schacht fällt Tropfwasser ins Genick, auf Kompass und Schreibzeug. Und dennoch sind Tausende von Höhlenkilometern penibel vermessen.

Am ehesten kommt man zu den schwierigen Plänen, wenn man sie mit dem Erfolgserlebnis eines Erkundungsvorstoßes verknüpft oder, so machen es die Amerikaner in der Lechuguilla in New Mexico, dass nur derjenige Zugang zur Höhle genehmigt bekommt, der Erfahrung in der Speläologie nachweisen kann und bereit ist, Vermessungs- oder Beobachtungsaufgaben zu übernehmen.

Die großen Hallen und Gänge kann man mit den Methoden des Geometers, mit präzisen Visierinstrumenten und der Messlatte bearbeiten. Die Richtung kann man mit einem Kompass, die Steigung mit dem Neigungsmesser, die Wegstrecke mit einem rostfreien Stahlmaßband messen.

Als Grundachse des zukünftigen Höhlenplans wird die gerade Verbindung von einem Messpunkt zum anderen eingetragen. Das muss nicht unbedingt in der Höhle in den Plan eingezeichnet werden. Es genügt theoretisch, sich die wichtigsten Daten in der richtigen Reihenfolge hintereinander aufzuschreiben oder, um ganz modern zu sein, ein Laptop zu »füttern«. Als steife Schreibunterlage, die auch dem Wasser standhält, haben sich Aluminiumplatten bewährt. Österreichische Höhlenforscher haben das »Xavermeter« entwickelt, das mit einem

einzigen Durchblick das Ziel, die Richtung und die Neigung erkennen lässt. Sogar eine Beleuchtung ist in das Gerät eingebaut. Das Ganze ist staub- und wasserdicht. Die eleganteste Methode zur Höhenmessung stammt vom Jahrmarkt: Ein Kinderluftballon zieht den Messfaden in die Höhe.

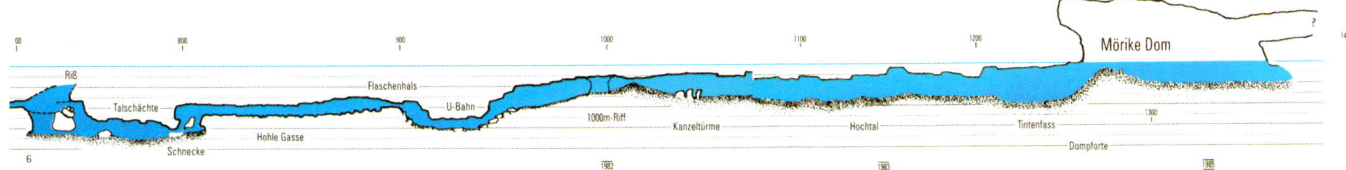

Folgende Seite: In der Tiefe des Blautopfs leuchten die Scheinwerfer des U-Boots. Jochen Hasenmayer fährt in die Blauhöhle ein. Der Eingang zur Höhle, die »Düse«, liegt 20 Meter tief.

Übernächste Seite: Dass nicht wenige wassererfüllte Höhlen einst trocken lagen, zeigt ihr Tropfsteinschmuck.

Noch eine Proberunde im Blautopf. Unmittelbar hinter der »Düse« bricht jeder Kontakt zur Außenwelt ab.

Vorstoß in die Unterwelt

Vorstoß in die Unterwelt

Ganz ähnlich wie auf einer Landkarte unterstützen festgelegte Symbole den Plan: Wasserläufe und Seen, Quellen und Wasserschlinger, Deckenbrüche und Schächte, Lehm, Sand, Stalaktiten, Stalagmiten, Sinterterrassen, Hinweise auf Tiere, Knochenreste, Feuersteinwerkzeuge und Wandzeichen kann man im Plan unterbringen. Dazu kommen Skizzen und Fotos. Ohne sie könnte die Höhlenforschung heute nicht mehr sein. Mit Geduld gedrehte und sachbezogene Filme sind von wachsender Bedeutung. Dabei darf man aber nicht übersehen, dass die Wissenschaft andere Ansprüche stellt als ein Fernsehbericht, der ganz anderen Ansprüchen und dramaturgischen Regeln folgt.

Linke Seite: Die Scheinwerfer brennen noch, wenn das Tauchboot aus der Höhle zurückkehrt.

Rechte Seite: An der Küste und im Meeresboden gibt es überflutete Tropfsteinhallen, ein Paradiesgarten für jeden Taucher.

Höhlen im Meeresgrund

Süßwasser im Meer. Geologen, Physiker und Ingenieure sitzen in dem kleinen Motorboot »Medusa«. Seit Wochen tuckert es an der griechischen Küste entlang. Jetzt kreuzt es vor Nafplion, der Hafenstadt im Westen der Halbinsel Peleponnes. Äußerlich ist es von hundert anderen Booten kaum zu unterscheiden. Dabei hat es eine Aufgabe, die es so schnell nicht wieder gibt: Die »Medusa« soll Süßwasser im Meer aufspüren.

Messgeräte wurden eingebaut, die den Salzgehalt des Meerwassers auf ein hundertstel Prozent genau bestimmen können. Man misst die elektrische Leitfähigkeit des Wassers. Sie steigt mit zunehmendem Salzgehalt. Fährt man quer zur Mündung eines Flusses durch eine Meeresbucht, so kann man das Verhältnis von Salzwasser zu Süßwasser für jeden Punkt der Fahrtroute aufzeichnen lassen. Man kann sogar Messgeräte und Steuerung so koppeln, dass die »Medusa« automatisch den Meeresbereich mit dem geringsten Salzgehalt aufsucht. Normalerweise würde dies dazu führen, dass das Boot früher oder später eine Flussmündung ansteuert.

Im Hochsommer sind die Flüsse im Küstenstreifen der Halbinsel Peleponnes ausgetrocknet. Dennoch gibt es der Küste entlang deutliche Unterschiede im Salzgehalt. Unterschiede, die so groß sind, dass das Suchboot darauf reagiert. Meist entfernt es sich einige hundert Meter, manchmal auch einige Kilometer von der Küste, um dann zielstrebig einen Bereich anzufahren, der »süßer« ist als das Meer ringsum. Dort ist das Wasser auch etwas trüber und kühler. An manchen Stellen quillt nahezu reines Süßwasser aus 20 bis 30 Metern Tiefe an die Meeresoberfläche. Der Wasserschwall ist so stark, dass sich das Suchboot nur mit Mühe in seinem Zentrum halten lässt. Es rüttelt und stampft in den aufquellenden Massen und wird schließlich abgedrängt. So bei Kiveri.

Meeresquellen. Solche Stellen sind den Fischern seit altersher bekannt. Es gibt sie nicht nur vor der Küste Griechenlands, sondern auch entlang

Ein Blockbild der kroatischen Küste zeigt Polje, Dolinen, Höhlen und Quellen, die zum Teil unter dem Meeresspiegel münden.

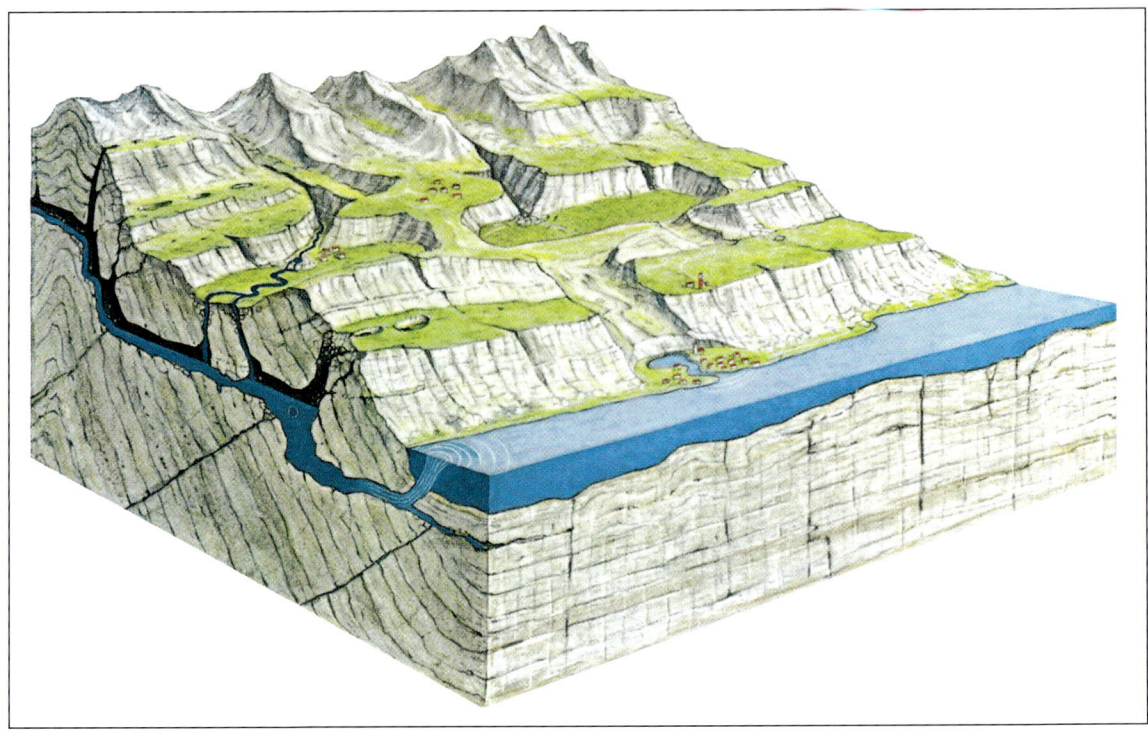

der östlichen Adriaküste. Dort nennt man sie mit dem kroatischen Wort für kochendes Wasser »Vruljes«. Solche Meeresquellen wurden von einem Team um Professor Ständer aus Karlsruhe auch vor den Küsten Tunesiens und des Libanon entdeckt. Eine libanesische Meeresquelle gehört zu den stärksten untermeerischen Quellen, die man kennt. Sie liefert 50 Kubikmeter Wasser pro Sekunde. Dies würde genügen, um eine Millionenstadt mit Wasser zu versorgen.

Quellen mit vergleichbarer Schüttung gibt es auf dem Festland nur in Höhlengebieten. Ein Blick auf die geologische Karte zeigt, dass auch die großen Meeresquellen nur im Vorfeld höhlenreicher Gebirge vorkommen.

Ein unfreiwilliger Großversuch deckte interessante Zusammenhänge auf: Als der Nil im neuen, riesigen Assuan-Stausee ein Stück weit aufgestaut war, stieg das Wasser nicht mehr so

rasch, wie es nach den Berechnungen hätte steigen müssen.

Das lag nicht daran, dass mehr Wasser als vorgesehen unter dem Staudamm hindurchströmte, auch nicht daran, dass die Oberflächenverdunstung größer war, als ursprünglich angenommen wurde. Es gab einen anderen Grund: Man hatte den Höhlen am Rand des Niltals zu wenig Bedeutung beigemessen. Durch diese alten Höhlen fließt, wie sich inzwischen zeigt, ein beträchtlicher Teil des Nilwassers zum Roten Meer ab und kommt aus Öffnungen, die unter dem Meeresspiegel liegen, wieder zum Vorschein. Vermutlich fließt Nilwasser auch nach Westen unter die Sahara. Exakt nachweisen lässt sich dies jedoch nur schwer, da Grundwasser dieser Art wahrscheinlich erst nach Jahren an der nordafrikanischen Küste wieder austritt.

Indizien für die Herkunft des Wassers liefern die untermeerischen Quellen selbst: Blätter und andere Pflanzenreste, die man immer wieder in den Meeresquellen findet, sprechen dafür, dass ihr Wasser vom Festland stammt, offenbar fließt es in einem mehr oder weniger abgedichteten Röhrensystem, in einer untermeerischen Höhle, vom Festland bis zur Quellöffnung im Meeresboden.

Es ist aufschlussreich, dass die meisten der Vruljes auch im Sommer recht kühles Wasser führen, deren Temperatur zwichen zehn und zwölf Grad Celsius der Höhlentemperatur im benachbarten Festland entspricht. Vruljcs, deren Wasser im Sommer wärmer ist als das Meereswasser in zehn Metern Tiefe, sind stets besonders starke, meistens auch trübe Quellen, die oft mit solcher Wucht aus dem felsigen Meeresboden schießen, dass es selbst kräftige Taucher nicht schaffen, an die Austrittsöffnung heranzuschwimmen. Schon vorher werden sie von den herausquellenden Wassermassen erfasst und an die Meeresoberfläche abgedrängt. Offenbar handelt es sich beim Wasser solcher Riesenvruljes um regelrechte Flüsse, die im höhlenreichen Gebirge verschwunden sind.

Steigende Meere. Merkwürdig ist die Tatsache, dass die Zahl der Quellen, die auf dem Meeresgrund entspringt, so groß ist und dass nicht alle Quellen, wie etwa der gewaltige Timavo bei Triest oder die Ombla bei Dubrovnik, auf Meereshöhe oder unmittelbar darüber austreten. Offenbar stieg der Meeresspiegel seit dem Ende der letzten Kaltzeit, die vor etwa 10 000 Jahren endete, weltweit um 80 bis 100 Meter.

Höhlensysteme, die sich damals mit ihrem Gefälle auf den tief liegenden Meeresspiegel eingerichtet hatten, wurden später überflutet. Mit der Wiedererwärmung unserer Erde schmolzen die dicken Eiskappen der Polargebiete und der

hohen Gebirge ab. Meter um Meter stieg das Meer, überflutete das Land und staute die Süßwasserströme in den Höhlengängen zurück. So hatte es meist nur die Möglichkeit, durch Schächte nach oben auszuweichen. Ist deren Öffnung nur genügend groß und strömt in der Tiefe viel Wasser aus dem Hinterland nach, quillt bis heute ein mächtiger Süßwasserstrom aus dem felsigen Meeresgrund, ein Vrulje eben.

Je geschlossener die alten Höhlenröhren sind, je weniger Schachtöffnungen sie aufweisen, umso tiefer hinab und weiter von der Küste entfernt können Meeresquellen auftreten. In seltenen Fällen kommt es sogar vor, dass weit draußen im Meer auf einer Insel eine Süßwasserquelle entspringt, die offenbar ihr Wasser vom Festland bezieht. Dann ist aus der alten Höhle eine regelrechte Süßwasserpipeline geworden. Eine Quelle auf der Insel Bahrein vor der arabischen Küste gehört zu diesem Typ.

Blue Hole. Eine der großen Unbekannten ist bis heute das Blue Hole vor der Küste von Belize in Mittelamerika. Mitten im Riff liegt ein 100 Meter tiefer, kreisrunder Schacht mit einem Durchmesser von rund 300 Metern. Auffällig sind die mächtigen Sinterzapfen an der Wand des überfluteten Riesenschachts. An diesen verwitternden Tropfsteinen könnten sich viele Meeresbewohner festsetzen, nicht zuletzt Korallen und Schwämme. Aber der Bewuchs der Tropfsteine ist auffällig gering. Offenbar stimmt die Wasserqualität nicht. Es ist für die meisten Meeresbewohner zu brackig, und das mitten im Riff. Offenbar wird auch in diesem Fall Süßwasser aus einem Höhlensystem, das

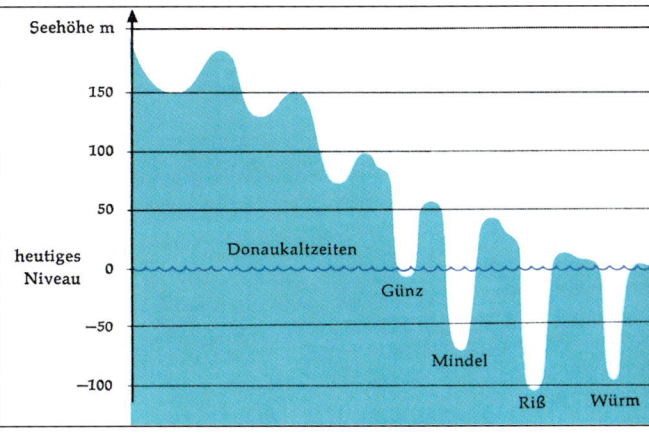

Im Verlauf der Eiszeit kam es zu erheblichen Schwankungen des Meeresspiegels. Am tiefsten lag er während der Risseiszeit.

Im Bergland von Belize gibt es viele Höhlen und tiefe Einbruchsschächte. Noch ist offen, welcher verschwundene Fluss das große Blue Hole vor der Küste speist.

Linke Seite: Der Nasser-See verliert Wasser in die verkarsteten Gebirge an seinem Ufer. Wo es wieder zum Vorschein kommt, ist bisher unbekannt.

bis zu den Bergen des regenreichen Festlands reicht, weit vor die Küste transportiert.

Die Bahamas, die Inseln und das Flachmeer dazwischen sind bekannt für ihre große Zahl an Höhlen im Meeresgrund. Diese Blue Holes bieten nicht selten phantastische Tropfsteinlandschaften im salzigen Meerwasser. Hier lassen sich Taucherfilme inszenieren wie Bühnenstücke. Liegt der Einstieg noch an Land, ist oft der oberste Teil des Blue Hole von Süßwasser erfüllt. In einer trüben Grenzschicht geht das leichte Süßwasser in das schwerere Salzwasser über.

Einige Blue-Hole-Systeme liegen auch ein Stück weit vor der Küste, äußerst reizvoll für abenteuerlustige Taucher. Doch diese Höhlen sind gefährlich! Nur erfahrene, mit der Umgebung der Höhle und mit der Höhle selbst vertraute Taucher können hier die Führung übernehmen. Aufkommender Sturm, aber auch schon der Wechsel der Gezeiten sorgen dafür, dass in der Höhle heftige Strömungen auftreten, gegen die ein Taucher, selbst wenn er über einen Tauchtorpedo als Antrieb verfügt, nicht ankommt. Nicht wenige der tödlich Verunglückten sind solchen Strömungen zum Opfer gefallen.

Grafik: In der Bucht von Argostolion versickert das Wasser, das in den Quellen an der Ostküste bei Sami wieder zum Vorschein kommt.

Rechts: Die alten Meermühlen von Argostolion fielen einem schweren Erdbeben zum Opfer. Die Mühlkanäle wurden verschüttet, aber die Sickerlöcher, in denen das Meerwasser verschwindet, sind bis heute zu sehen.

Die Halbinsel Yucatan, die zu Mexiko gehört, ist ein verkarstetes Halbplateau, dessen Höhlen und Dolinen in Küstennähe nicht selten mit dem Meer verbunden sind.

Die Meermühlen von Argostolion. Höhlen, die vom steigenden Meer der Nacheiszeit unter Wasser gesetzt wurden, Süßwasserquellen im Meer sind gewiss bemerkenswerte Erscheinungen. Die höhlenreichen Küstengebirge halten aber noch größere Überraschungen bereit.

Da dreht sich an der Felsküste nahe der Stadt Argostolion auf der Insel Kephallinia ein großes, stählernes Mühlrad. Nichts Besonderes, ein Mühlrad wie andere auch, nur, es bewegt sich gegen jede Erfahrung in der falschen Richtung, unten in Richtung Land, oben in Richtung Meer. Einen Mühlbach, der vom Land auf die Mühle zuläuft, gibt es nicht, wohl aber einen Mühlkanal, der vom Meer her kommt, das Rad antreibt und in einer dunklen Felsspalte hinter der Mühle verschwindet. Man kann es kaum glauben, aber das Wasser in diesem Kanal fließt nicht ins Meer, sondern vom Meer her landeinwärts. Die Felsspalte hinter der Mühle liegt etwa einen Meter unterhalb des Meeresspiegels. Wie bei einer Schleuse sorgt ein Schieber im Mühlkanal dafür, dass nicht zu viel Meerwasser nachläuft und das notwendige Gefälle erhalten bleibt.

In den wassererfüllten Höhlen nahe der Ostküste von Kephallinia erschien das grün gefärbte Wasser nach 14 Tagen.

Schlucklöcher. Entlang der Halbinsel wurde eine Reihe von Mühlen an den »Meerschwinden« – die Griechen sagen Katavothre, das heißt so viel wie Schluckloch – gebaut. Ein schweres Erdbeben im Jahr 1952 hat die alten Mühlen zerstört, aber nach wie vor versickert an der Küste Meerwasser. Man schätzt, dass es mindestens 200 Liter pro Sekunde sind.

Ein rätselhaftes Naturphänomen, das aber irgendwie mit einem Höhlensystem zu tun haben muss. Österreichische Höhlenforscher haben den Beweis dafür erbracht. Es handelt sich auch in diesem Fall um Höhlenzüge, die nach der letzten Kaltzeit vom Meer überflutet wurden.

Das erste Indiz war ein Tropfstein, den sie aus einer Brackwasser führenden Höhle nahe der Ostküste der Insel aus 26 Metern Tiefe heraufholten. Der Tropfstein hat ein Alter von rund 20 000 Jahren. Er entstand also noch während der letzten Kaltzeit. Da sich aber Tropfsteine niemals unter Wasser bilden, ist dies ein sicherer Beweis dafür, dass die Höhle während der Würmeiszeit nicht überflutet war.

Fest steht auch, dass sich die Insel selbst nicht wesentlich gesenkt hat. Daraus folgt, dass sich der Meeresspiegel klimatisch bedingt mindestens 26 Meter gehoben hat. Heute weiß man, dass es 80 bis 100 Meter waren.

Der Quellsee auf der Ostseite der Insel, aus dem Unterwassertropfsteine geborgen wurden, führt Brackwasser. Das Wasser schmeckt salzig und hat den typischen Meergeschmack. Sein Wasserspiegel liegt etwa einen Meter über dem Meeresspiegel. Das Wasser fließt zum Meer ab. Genauere Messungen ergeben einen Salzgehalt von etwa 0,03 Prozent. Das ist rund hundertmal weniger als der Salzgehalt des Meeres, aber reines Süßwasser ist es eben auch nicht. Nur woher kommt das Salz? Aus den Schlucklöchern bei den Meermühlen, die rund 15 Kilometer westlich bei Argostolion liegen?

Großversuche. Ein erster Großversuch schlug fehl, obwohl 40 Kilogramm Uranin als Farbstoff eingesetzt wurden. Acht Tage lang kontrollierte man alle Quellen der Insel und des Küstenbereichs. Ohne Erfolg!

Erst als die Hydrologen Maurin, Zötl und Matheos im Jahr 1963 160 Kilogramm Uranin in die Katavothres schütteten, kam die Erfolgsmeldung: Nach 14 Tagen floss grünes Wasser in den Höhlen, 15 Kilometer von den Sickerstellen entfernt, und kurz danach färbten sich viele kleine und große Quellen entlang der Ostküste von Kephallinia grün!

Der Weg des Wassers war nun bekannt. Zu klären bleibt, auf welche Weise das Meerwasser von der Sickerstelle bei Argostolion, die einen Meter unter der Meeresoberfläche liegt, in die Höhlen, die immerhin einen Meter über dem Meeresspiegel liegen, transportiert wird.

Fest steht, dass es ein großes und durchgehendes Höhlensystem gibt, das die Westküste mit der Ostküste der Insel verbindet. Damit ist allerdings immer noch nicht erklärt, auf welche Weise das Wasser in den Höhlen transportiert

wird. Meeresströmungen und Winde scheiden aus, auch Ebbe und Flut können keine Rolle spielen, sonst müsste das Wasser von Zeit zu Zeit, wenn der Wind sich dreht oder bei Ebbe, auch aus den Schlucklöchern herausquellen.

Auch eine komplizierte Höhlenform, die wie ein Ventil funktioniert, kommt nicht infrage, da ein solches System die zahlreichen und schweren Erdbeben, die Kephallinia im Laufe der Jahrhunderte heimsuchten, kaum überstanden haben dürfte. Der Salzwassertransport funktioniert offenbar nach einem einfachen Prinzip, nämlich dem der kommunizierenden Röhren.

Wird in einer U-förmigen Röhre auf einer Seite Wasser nachgefüllt, so steigt es im anderen Schenkel auf die gleiche Höhe. Wenn man aber nun auf einer Seite statt Wasser Öl nachfüllt, liegt der Spiegel des Öls auf seiner Seite höher als das Wasser auf der anderen. Denn Öl ist leichter als Wasser.

Bewegung im U-Rohr. Die Höhle unter der Insel Kephallinia ist eine Art U-Rohr. Auf seiner Westseite enthält es Meerwasser, das 1,03 Gramm je Kubikzentimeter wiegt. Das Brackwasser auf der Ostseite ist leichter. Ein Kubikzentimeter wiegt nur 1,0003 Gramm. Damit hängt es offenbar zusammen, dass das Wasser in den Höhlen an der Ostküste einen Meter höher und in den Schlucklöchern der Westküste einen Meter niedriger als der Meeresspiegel liegt. Aus der Höhendifferenz von zwei Metern zwischen West und Ost kann man errechnen, wie tief das U-Rohr der Höhle mindestens hinabreichen muss. Das Ergebnis ist eine Höhlentiefe von 70 Metern.

Das Süßwasser zur Verdünnung liefern die Niederschläge, die über dem 1600 Meter hohen Inselgebirge, dem Ainos, niedergehen. Sie vermischen sich im östlichen Teil der Röhre in einer Tiefe von mindestens 70 Metern unter dem Meeresspiegel mit dem Meerwasser und steigen dann als leichteres Brackwasser im Osten auf. So kommt es zu dieser ungewöhnlichen Wasserbewegung, die auch die Meermühlen in Gang hält.

Noch einmal Kiveri. Die Quellen von Kiveri bei Nafplion sind auch nicht ganz frei von Salzwasser. In der Tiefe dringt offenbar Meerwasser in ein von Süßwasser erfülltes Höhlensystem ein. Die Hydrogeologen gingen auch hier von der Überlegung aus, dass es möglich sein müsste, das Eindringen des Meerwassers abzuwehren, indem der Wasserdruck im Süßwassersystem erhöht wird. Dazu riegelte man die Brackwasserquelle mit einem halbkreisförmigen, erdbebensicheren Betondamm ab in der Hoffnung, dass der Wasserspiegel der Brackwasserquelle steigen würde. Diese Erwartung trat ein. Damit erhöhte sich der Druck auf die Wassersäule im Quellschacht. Als Folge davon war zu erwarten, dass sich das Mischungsverhältnis Meerwasser – Süßwasser zugunsten des Süßwassers verschieben würde.

In Kiveri hing der ganze Erfolg der Trinkwassererschließung von der Richtigkeit dieser Überlegungen ab. Die Spannung der Beobachter, die mit ihren Messgeräten die Veränderung innerhalb der Quellfassung verfolgten, lässt sich kaum beschreiben. Nach einer bangen Wartezeit gab ihnen der Erfolg Recht. Während vor dem Bau der Quellfassung der Salzgehalt der Quellen etwa 0,2 Prozent betragen hatte, ging er danach auf 0,001 Prozent zurück.

Dieses Wasser schmeckt nicht mehr salzig und ist als Trinkwasser tauglich. Noch dazu ist es hundertmal billiger als auf andere Weise aus dem Meer gewonnenes Süßwasser. Mit ihm lassen sich Pflanzungen bewässern und der Grundwasserkörper ergänzen. Auf lange Sicht wird das eingedrungene Meerwasser aus der Küstenzone verdrängt.

Der Morag. An der südostspanischen Küste entdeckten Höhlentaucher ein Phänomen, das dem von Kiveri entspricht. Eine Höhlenquelle führt Wasser mit einem Salzgehalt von einem Prozent. Etwa 15 Kilometer südlich verschwinden große Mengen Meerwasser im Fels der Küste. Im Berg vermischt es sich mit dem Süßwasser eines Höhlensystems und strömt als Brackwasser, das leichter ist als das Meerwasser, der nördlichen Küste zu. Auch dort denkt man an eine Entsalzung des Höhlenstroms durch Aufstau im Quellbereich. Die Methode der Süßwassergewinnung vor einer verkarsteten Küste folgt den Überlegungen von Professor Ständer aus Karlsruhe. Der Erforscher des Morag, Bernhard Pack, kam allerdings von seiner letzten Erkundung des Moragsystems nicht mehr zurück.

Höhlen rund um die Welt

Viele tausend Höhlen liegen in den Kalkgebirgen unserer Erde. Es gibt aber auch Höhlen im Gips, in extremen Trockengebieten wie bei Sodom am Toten Meer sogar im Steinsalz. Auch im Granit kann es Höhlen geben. Besonders höhlenreich sind Regionen, die im Verlauf der Erdgeschichte über lange Zeit vom Meer bedeckt waren. Riffe bildeten sich, Kalkschlamm lagerte sich ab, im Laufe der Jahrmillionen viele hundert Meter. Der Meeresspiegel hob und senkte sich, aus Meeresgrund wurde Festland. Nun setzte die Verwitterung und Höhlenbildung ein. In Mitteleuropa stammen die Höhlen führenden Kalke aus der Devonzeit, der Triaszeit, der Jurazeit und der Kreidezeit.

In einer Reise um die Welt werden bedeutende Höhlengebiete und Höhlen vorgestellt.

AFRIKA

Algerien weist große, zum Teil wasserdurchflossene Höhlensysteme im Atlasgebirge auf. Zahlreiche Brandungshöhlen zeichnen die Steilküsten dieses Landes aus.

Madagaskar: Große, über 4000 Meter lange Höhlen liegen im Westen der Insel.

Marokko hat im Rifgebirge tiefe Schächte aufzuweisen. Im Atlas gibt es aktive Wasserhöhlen.

Namibia: Große Dolinen gibt es im Norden des Landes. Viele Kleinhöhlen und Höhlendächer werden von zahlreichen Höhlenmalereien und Gravierungen geschmückt.

Südafrika: Bei Sterkfontein und Makapan enthielten uralte Höhlenruinen die Reste der südafrikanischen Urmenschen, der Australopithecinen. Die Cango Cave gehört zu den großen Attraktionen des Landes. Kleinhöhlen und Halbhöhlen gibt es in den Drakensbergen. Aus der Ndedemaschlucht sind die schönsten Felsmalereien der Buschleute bekannt.

Tunesien und Libyen: An der tunesischen Küste und der Küste der Cyrenaica in Libyen gibt es Süßwasser führende Meereshöhlen. Man kennt auch große, Wasser führende Höhlen aus dem Küstengebirge der Cyrenaica selbst. Aus der Sahara sind Kleinhöhlen und Felsdächer mit Bildern bekannt.

Zentralafrika weist vor allem Höhlen vulkanischer Natur auf.

Im Korallenkalk der Bahamas gibt es kleine Höhleneinstiege, die den Taucher in große, tropfsteinerfüllte Räume führen.
Ernst Waldemar Bauer verabschiedet seinen Taucherfreund Wes Skyles, den bekannten Hydrospeläologen aus Florida, in eines der berühmten Blue Holes.

Karstgebiete

Faltengebirge

ASIEN

China besitzt das größte zusammenhängende Karstgebiet der Erde mit einer Fläche, die doppelt so groß ist wie Deutschland. Vor allem das Flussgebiet des Li Jang in Südchina mit seinen Kegelbergen und Tausenden von Höhlen ist berühmt. In den Höhlen von Tschou-Kou-Tien bei Peking fand man Überreste des Pekingmenschen, eines vorzeitlichen Menschen.

Georgien: Im Kaukasus liegen extrem tiefe Schachthöhlen, von denen die V. Pantjukhina auf 1508 Meter Tiefe erforscht ist. Auch andere Höhlen erreichen extreme Tiefenwerte.

Israel: Die trockenen Kalkberge von Judäa enthalten viele kleine Höhlen, die schon in früherer Zeit genutzt wurden. Reste von Homo neandertalensis und Homo sapiens fand man in den Höhlen des Berges Karmel. Eine Salzhöhle liegt bei Sodom.

Japan: Die schönsten Höhlen gibt es im Süden der Insel Honshu. Die Höhle Akiyoshi-do ist als Schauhöhle erschlossen und viel besucht. Am Fudschi San gibt es Lavahöhlen.

Jordanien: In der berühmten Tempelstadt Petra wurden natürliche und künstliche Höhlen mit grandiosen Fassaden versehen.

Libanon: Zu den schönsten Höhlen der Welt gehört die Jeita-Höhle, die zum Teil mit dem Boot befahren werden kann.

Palästina: Die ältesten Handschriften des Alten Testaments fand man in Höhlen der Talwände des Wadi Qumran am Nordwestende des Toten Meeres.

Südostasien ist mit seinen Höhle besonders von zoologischem und urgeschichtlichem Interesse. In *Malaysia* und in *Thailand* gibt es Höhlenschlangen. Sie sind fast weiß und fangen Fledermäuse.

In der Höhle Tan-Van in *Nordvietnam* hat man Reste des Pekingmenschen gefunden. Die Höhlen im Norden *Borneos*, vor allem die Niah-Höhle, sind von urgeschichtlichem Interesse. In den großen Vorhallen nisten Salangane.
Der Kegelkarst Vietnams und Thailands reicht bis ins Meer.

Türkei: An der Mittelmeerküste, rings um Antalya, liegen eine Reihe bemerkenswerter großräumiger Tropfsteinhöhlen.
Die Sinterterrassen von Pamukkale umschließen kleinere Höhlen. Eine ist Pluto, dem Gott der Unterwelt, geweiht. Diese Höhle enthält giftiges Kohlendioxid.

Usbekistan: Eine Reihe von Höhlen ist aus Usbekistan bekannt, auch dort fand man Reste des Neandertalers.

AMERIKA

Nordamerika, USA

Arkansas und Missouri: Höhlenreich ist das Ozarkplateau westlich des Mississippi. Über 1000 Höhlen sind bekannt.

Florida: Unterirdische Flussläufe, Höhlen und kräftige Karstquellen kennzeichnen diesen Staat.

Hawaii: Lange und großräumige Lavahöhlen sind zum Teil erst in jüngerer Zeit entstanden.

Kalifornien: Am Ostabfall der Sierra Nevada sind Höhlen am häufigsten. Die Crystal Cave im Sequoia-Nationalpark und die Lava Bed Caves sind vulkanischen Ursprungs.

Kentucky: Im November 1972 wurde der Zusammenhang zwischen dem Mammoth-Cave-System und dem Flint-Ridge-Cave-System festgestellt. Damit ist das Gesamtsystem mit mehr als 500 Kilometern Ganglänge das größte der Welt. Fünf Stockwerke liegen übereinander. Höhlenflüsse und Seen durchziehen die Gänge. Schwärme von Fledermäusen sind in dieser Höhle zu Hause. An einer trockenen Stelle hat sich der eingetrocknete Leib eines Indianers, der, lange bevor Columbus Amerika entdeckte, in dieser labyrinthischen Unterwelt ums Leben kam, erhalten.

New Mexico: Rund 100 Kilometer von El Paso entfernt liegen in den Ausläufern

Karstkegelberge von Guilin in Südchina.

der Guadalupe Mountains die riesigen Carlsbad Caverns. An der Auflösung des Kalks ist Schwefelsäure beteiligt, die sich aus aufsteigenden Gasen der tief darunter liegenden Erdöllagerstätten bildet.

Als schönste Höhle der Welt gilt La Lechuguilla. Vor allem die fragile Schönheit ihrer Aragonittropfsteine und Gipskristalle ist unübertroffen. Ausgewählte Fachleute haben zu diesem Naturwunder Zutritt.

New York State besitzt im Höhlengebiet von Albany aktive, großräumige Wasserhöhlen.

Pennsylvania und Virginia haben vorzüglich ausgebaute Schauhöhlen. Anziehungspunkte für viele sind die tropfsteinreichen Höhlen der Shenandoah-Berge südwestlich von Washington mit den berühmten Luray Caverns.

South Dakota: Am Rande der Black Hills liegen, als Nationalmonument geschützt, die Jewel Cave und die Rind Cave.

Utah und Nevada: In der Wasatch Range liegen die Timpanogus Cave und die Lehman Caves.

Südamerika

Argentinien: In den Anden gibt es etliche Höhlen. Berühmt ist die »Sixtinische Kapelle Patagoniens«, die Cueva de Los Manos. Indianische Völker haben hier vor 9000 Jahren damit begonnen, zahllose Hände in Sprühtechnik auf die Wände zu malen.

Belize in Mittelamerika zeigt ausgeprägte Karstformen: Kegelberge, Großdolinen und lange, oft wasserdurchflossene Höhlen. Einige mit kultischen Bereichen aus der Mayazeit. Zu den ungelösten Rätseln gehört bis heute das große, über 100 Meter tiefe Blue Hole im Korallenriff.

Brasilien: Mehrere Höhlen sind gründlich erforscht und auch der Öffentlichkeit erschlossen. Schon lange für seine Höhlen bekannt ist die Provinz Minas Gerais.

Chile: Im Süden des Landes entdeckte man in Höhlen die fossilen Reste von Riesenfaultieren. Möglicherweise wurden die urtümlichen Säugetiere von Indianern als Fleischvorrat gefangen gehalten.

Auf der Osterinsel, die politisch zu Chile gehört, gibt es viele kleine Lavahöhlen, die von Menschen bewohnt wurden und in Zeiten des Krieges und der Menschenfresserei als Versteck dienten.

Mexiko: Im Nordosten des Landes liegen die Gruta del Palmito und die zwölf Kilometer lange Grude de Cacahuamilpa. In der Cueva Chica bei San Luis Potosi leben blinde Höhlenfische. Aus dem Süden sind viele Höhlen und wassererfüllte Dolinen bekannt. Unter dem Mayatempel von Chichén Itzá liegt eine Schachthöhle, die als kultische Opferstätte eine Rolle spielte. Das gilt auch für einen Quellsee im Bereich des Tempels, den heiligen Cenote. Auch hier wurden Menschen, vor allem junge Mädchen, geopfert.

Der bekannte amerikanische Karstforscher Wes Skiles und seine Höhlentauchergruppe entdeckten in einer Meerwasserhöhle Reste eines Tempels. Inzwischen wurde eine Unterwasserhöhle von 80 Kilometern Länge bekannt.

In der Sierra Madre del Sur wurden in der Höhle von Juxtlahuaca gut erhaltene Gravierungen und Malereien aus der Zeit der Olmeken gefunden.

Venezuela: Im Norden Südamerikas leben in einigen Höhlen Guacharos, die berühmten Höhlenvögel.

AUSTRALIEN UND OZEANIEN

Australien: Im äußersten Westen des Kontinents und im Südosten gibt es Tropfsteinhöhlen, zum Teil wassererfüllt. Bemerkenswert sind die Höhlungen der Inselberge mit den Felszeichnungen der Aborigines.

Neuseeland besitzt auf der Nordinsel in der Waitomo-Höhle, der Glow Worm Cave, eine Besonderheit: Die Larven von Pilzmücken locken durch Leuchtorgane Insekten an. Auf der Südinsel wurden in einigen Höhlen Reste der Moas, der neuseeländischen Riesenstrauße, gefunden.

EUROPA

Belgien hat in den Ardennen, vor allem in der Provinz Luxembourg, Höhlen. In der bekannten Grotte de Han im Tal der Lesse wurde ein Laboratorium eingerichtet.

Bulgarien: Vor allem im Balkangebirge gibt es zahlreiche Höhlen, Schächte, Tropfsteinhöhlen und wasserdurchflossene Systeme.

Deutschland: Die Schwäbische und die Fränkische Alb sind besonders höhlenreich. Bedeutende urgeschichtliche Funde stammen aus einer Reihe kleinerer Höhlen, wie der Vogelherdhöhle im Lonetal. Die 6,5 Kilometer lange Wulfbachquellhöhle ist derzeit die längste Albhöhle, gefolgt von der über fünf Kilometer langen Falkensteiner Höhle. Zahlreiche Schauhöhlen laden zum Besuch. Die Laichinger Tiefenhöhle besitzt ein bemerkenswertes Höhlenmuseum. Nordöstlich von Nürnberg liegen die meisten Schauhöhlen der Fränkischen Alb. Die Zoolithenhöhle barg viele Fossilien. Die Eberstadter Tropfsteinhöhle liegt im Muschelkalk des Odenwalds.
Ein weiteres größeres Karstgebiet ist das Rheinische Schiefergebirge. Weltberühmt durch die Funde des »Neandertalers« ist die leider abgebaute kleine Feldhofer Grotte im Neandertal. Bekannt ist die Kluterthöhle mit ihrer Heilwirkung. Im Vorland des Harzes und in Schleswig-Holstein gibt es Gipshöhlen wie die Segeberger Höhle in Schleswig Holstein und die Höhlen am Kyffhäuser.

Tropfsteinreiche Höhlen im Muschelkalk Nordhessens wurden in jüngerer Zeit bekannt. Im Muschelkalk liegen auch die Höhlen in der Südwestecke Deutschlands, die Tschamber- und die Erdmannshöhle.
Im schmalen Streifen der deutschen Kalkalpen liegt eine Reihe großer Höhlen. Das Zugspitzblatt und die Berchtesgadener Alpen sind ausgeprägte Karstgebiete. Im Untersberg liegt die Schellenberger Eishöhle.

Frankreich verfügt über eine Musterkollektion der verschiedensten Höhlentypen. In den Pyrenäen und in Hochsavoyen gibt es tiefe Schachthöhlen. Der Riesenschacht im Gouffre Pierre-Saint-Martin öffnet sich vom Eingang aus ohne jede Zwischenplattform bis in eine Tiefe von 310 Metern. Der Gouffre Berger in den Alpen Savoyens führt 1135 Meter tief hinab. Bekannt sind Wasserhöhlen wie die Grotte de Labouiche, wunderbare Tropfsteinhöhlen wie der Aven Armand und der Aven d'Orgnac. Die Bilderhöhlen von Niaux, Lascaux,

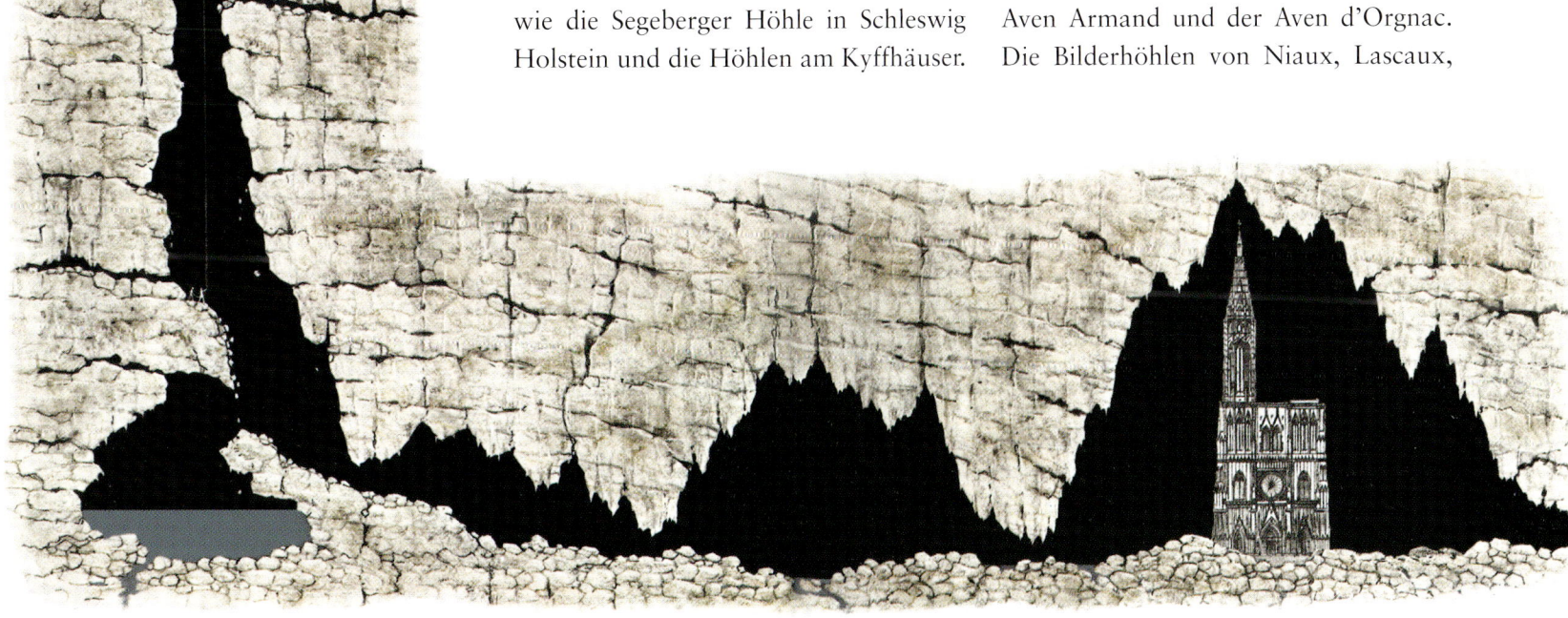

Der Schacht von Pierre St. Martin ist 360 Meter tief. Das Straßburger Münster hätte in der großen Halle Platz.

Rouffignac, Les Eyzies, der Ardèche und der Mittelmeerküste sind von überragender kulturgeschichtlicher Bedeutung. So entdeckte der Berufstaucher Henri Cosquer unter dem Meeresspiegel den engen Zugang zu einer unerwartet reichhaltigen Bilderhöhle.

Griechenland: Zeus wurde in einer Höhle im Berg Ida auf Kreta geboren. In vielen Grotten verehrten die alten Griechen Segen spendende Quellnymphen. In den dunklen Hallen der Unterwelt lag für sie das Totenreich, der Hades. Charon, der Fährmann, brachte die Schatten der Toten über den Fluss Styx in das Land ohne Wiederkehr.
Besuchern zugänglich ist eine Flusshöhle bei Mani im Süden der Peleponnes. Die Höhle Petralona auf Chalkidike ist besonders reich an Tropfsteinen. Etwas ganz Besonderes sind die »Meermühlen« von Kephallinia mit ihren Untermeereshöhlen.

Großbritannien: Bekannt sind die Höhlen in Yorkshire und Derbyshire. Aus Schottland kennt man vor allem Brandungshöhlen wie die Fingals Cave auf der Insel Staffa.

Irland hat höhlenreiche Gebiete im Norden und im Westen.

Island bietet Lavahöhlen in verschiedenen Landesteilen. Imposante Brandungstore liegen an der Steilküste im Süden und an der Küste der Halbinsel Snaefellsnes. Die Höhle von Kverkfjell im Eis des Gletschers Vatna Jökull ist weltberühmt, aber sehr gefährlich.

Die Vorstellung, dass es in der Hölle heiß hergeht, hängt wohl damit zusammen, dass das Reich der germanischen Totengöttin Hel im Bereich des aktivsten isländischen Vulkans, der Hekla, gesucht wurde.

Italien hat vor allem in den südlichen Kalkalpen und im Triestiner Karst ausgedehnte Höhlengebiete. Die Grotta Gigante mit der größten unterirdischen Halle Europas und die Grotta Doria mit einem Höhlenlaboratorium gehört hierher. Auch im Apennin gibt es großartige Höhlen. Eindrucksvoll sind die Grotta di Pertosa südlich von Neapel und die Küstenhöhlen, allen voran die Blaue Grotte der Insel Capri. Die Grotta di Castellana in Apulien wird viel besucht. Die Frasassihöhlen in der Provinz Ancona gehören zu den schönsten Europas, wenn nicht der Erde.
Große, tropfsteinreiche Höhlen gibt es an den Küsten Sardiniens. In der Grotta Nettuno stehen Stalagmiten im Meerwasser. Mönchsrobben waren einst in solchen zum Meer hin offenen Höhlen zu Hause.
In einer Lavahöhle Siziliens soll der Sage nach der einäugige Riese Polyphem gehaust haben.

Kroatien: Die Kalkgebirge entlang der kroatischen Küste sind stark verkarstet. Das schnell versickernde Wasser speist kräftige Quellen, die nicht selten nur knapp über dem Meeresspiegel entspringen oder im Meeresboden. Besonders eindrucksvoll sind die Seen von Plitvice mit ihren Wasserfällen und Tuffhöhlen.

Norwegen: Die Küste zeichnet sich vor allem durch Brandungshöhlen aus. Berühmt ist eine 160 Meter lange Tunnelhöhle in der Nähe von Tromsö. Karsthöhlen gibt es in Norwegen bis unter den Polarkreis.

Österreich: Große Höhlen liegen in den nördlichen und in den südlichen Kalkalpen. Berühmt geworden ist die Drachenhöhle von Mixnitz mit der Fülle ihrer Bärenfossilien. Die längste Höhle Österreichs ist die Hirlatzhöhle mit 86 Kilometern im Dachstein. Die Eisriesenwelt im Tennengebirge ist 42 Kilometer lang. Auch die Tantalhöhle im Hagengebirge gehört mit 34 Kilometern zu den Großhöhlen sowie die Rieseneishöhle im Dachsteinmassiv. Am tiefsten ist der Lamprechtsofen mit 1632 Metern. Aus dem Untersberg zwischen Salzburg und Berchtesgaden sind allein 151 Höhlen bekannt, darunter die Schellenberg-Eishöhle. Höhlenforschung wird in Österreich mit besonderem Nachdruck und hohem wissenschaftlichem Anspruch betrieben.

Polen hat seine größten Höhlen in der hohen Tatra. Tiefen bis über 600 Meter und Längen bis über vier Kilometer kommen vor. Viele kleine Höhlen kennt man aus dem Bergland von Krakau.

Rumänien verfügt in den Karpaten und in der Umgebung von Klausenburg über höhlenreiche Kalkgebirge. Besonders bekannt wurde die Adamhöhle in der Dobrudscha, mit Resten von 65 Säugetierarten. In jüngerer Zeit entdeckte man in den Karpaten die prachtvolle Piatra

Altarului. Dort fand man auch übersinterte, kreuzförmig angeordnete Bärenschädel, die für die steinzeitlichen Menschen offenbar von kultischer Bedeutung waren. In meiner Fernsehreihe »Wunder der Erde« wurde darüber berichtet. Auch Eishöhlen sind bekannt. Die Scarisoara ist als Schauhöhle erschlossen.

Russland: Aus dem Ural sind ebenfalls Höhlen bekannt. Eishöhlen gibt es im asiatischen Teil. In einer mittelsibirischen Höhle bei Krasnojarsk fand man Reste von Crô-Magnon-Menschen.
Die Eishöhle von Kungur im Plateau von Ufa ist berühmt. Tiefe Höhlenschächte mit rund 1300 Metern liegen im Kaukasus.

Schweden hat auf der Insel Gotland sehenswerte Karsthöhlen.

Schweiz: In den Kalkalpen und im Schweizer Jura haben sich zahlreiche Höhlen gebildet. Ein riesiges Höhlensystem liegt in der Nähe von Luzern: das Hölloch im Muotatal. Über 100 Kilometer Höhlengang wurden in zwanzigjähriger Arbeit von der Gruppe Bögli vermessen. Im Kanton Waadt liegt der Gouffre du Chevrier, mit 504 Metern die tiefste Höhle der Schweiz. Urgeschichtli-

che Funde von Bedeutung stammen aus dem Drachenloch und dem Wildkirchli.

Slowenien: Für die Karst- und Höhlenkunde sind die Kalkgebirge Sloweniens von ganz besonderer Bedeutung. Nicht nur, dass es dort besonders viele Höhlen gibt; die Zusammenhänge zwischen oberirdischen Wasserabflüssen und der unterirdischen Entwässerung sind beispielhaft. Dort liegen der Zirknitzer See (Cerkniško jezero), die weltweit berühmte Adelberger Grotte (Postojnska Jama) und die Rekahöhle bei St. Kanzian (Škocjanske Jame). Der Grottenolm ist das bemerkenswerteste Höhlentier.

Spanien verfügt in den westlichen Pyrenäen und im Kantabrischen Gebirge über große Höhlensysteme. Das von Ojo Guarena in der Provinz Burgos hält zurzeit mit etwa 25 Kilometer vermessener Gesamtlänge den ersten Platz. Die Höhlen von Altamira und vom Monte del Catillo sind durch ihre Malereien weltberühmt. Auch im Süden der Halbinsel gibt es in den Provinzen Alicante und Malaga Höhlengebiete.
Viele Touristen kennen die Höhlen an der Ostküste von Mallorca, vor allem die Cueva del Drach mit ihrem Tropfsteinschmuck und ihrem 180 Meter langen Höhlensee.

Kanarische Inseln: Lanzarote hat mit der Cueva de los Verdes eine der schönsten Lavahöhlen der Welt zu bieten. Über sechs Kilometer sind erforscht.
Auch von Teneriffa und Hiero sind große Lavahöhlen bekannt.

Slowakei: Eine Reihe von Höhlen mit überaus reichem Tropfsteinschmuck, darunter die Vazec-Höhle. In der Niederen Tatra liegt die 20 Kilometer lange Demänowà-Höhle, in der sich sechs Stockwerke entwickelt haben. Schauhöhle.

Ukraine: Die größte Gipshöhle der Welt, die Optimisticeskaja, liegt in den ausgedehnten Gipsschichten der Ukraine. Derzeit ist in dem riesigen Netz der Gänge eine Länge von 165 Kilometern vermessen.
In derselben Region liegt die Ozernaja mit einem ähnlichen Labyrinth von Gängen. Sie erreicht 107 Kilometer Länge.
Im Jaila-Gebirge auf der Halbinsel Krim liegt unter anderem das große System der roten Höhlen.

Ungarn: Im Grenzgebiet zur Slowakei liegt die eindrucksvolle Agelekter Höhle.

In manchen Höhlen sind ganze Wände von Kalzitkristallen bedeckt.

Kleines Höhlenlexikon

Aktive Höhle Höhle, die von Wasser durchflossen und vergrößert wird.

Anhydrit Wasserfreier Gips ($CaSO_4$), der sich bei Wassereinlagerung ausdehnt.

Aragonit Kristallisiertes Kalziumkarbonat, das zwar die gleiche chemische Formel wie Kalzit, nämlich $CaCO_3$, besitzt, aber anders kristallisiert und vor allem in Ausscheidungen warmer Quellen vorkommt.

Backofenhöhle Sackartige, aufsteigende Höhle, in der sich leichtere Warmluft einige Zeit halten kann.

Bilderhöhle Durch vor- und frühgeschichtliche Wandmalereien und Gravierungen bedeutsame Höhle.

Biwak Behelfsmäßiges, festes Lager als Stützpunkt für lange Höhlenvorstöße.

Brandungshöhle Hohlform, die durch chemischen und mechanischen Angriff des Wassers auf die Steilküste entsteht.

Brandungstor Kurze Durchgangshöhle im Brandungsbereich, die meist als Höhlenruine erhalten blieb.

Bröller Auch Brüller genannt. Höhle mit lautstarken Wasserausbrüchen nach heftigem Regen oder während der Schneeschmelze.

Deckenkolk Durch Mischungskorrosion entstandene Hohlform an der Höhlendecke.

Doline Kommt vom slowenischen Wort Dolina für Tal, auch Karsttrichter oder Erdfall genannt. Bezeichnet kesselförmige Einsenkung oder auch Einbrüche im Karstgebiet. Der Durchmesser reicht von 2 bis 1500 Meter, die Tiefe von 2 bis 300 Meter.

Drahtseilleiter 10 bis 15 Meter lange »Strickleiter« zur Höhlenbefahrung aus Stahlseil mit Metallsprossen. Mehrere Leitern können durch »Hadesringe« gekoppelt werden.

Einseiltechnik Klettern an einem einzigen Drahtseil mittels Seilklemmen.

Eishöhle Höhle, in der sich Eis bildet, das auch im Sommer nicht ganz abschmilzt.

Eiskellerhöhle Sackartige Höhle, die nach unten führt und Kaltluft speichert.

Excentriques Aus dem Französischen. Bezeichnung für ungewöhnlich gekrümmte, meist nur kurze und dünne Tropfsteine, deren Bildung nicht nur den Gesetzen der Schwerkraft folgt. Oft sind sie in sich verdreht, haken- oder schleifenförmig, ja wachsen sogar aufwärts.

Geologische Orgel Schachtartige, enge Vertiefungen, die mehrere Meter erreichen und meist mit Gesteinsschutt oder Erde ausgefüllt sind.

Gips Ein gesteinsbildendes Mineral aus Kalziumsulfat mit Kristallwasser. Die chemische Formel lautet: $CaSO_4 \cdot 2\,H_2O$. Gips ist wasserlöslich und verkarstet leicht.

Großhöhle Jede Höhle mit einer Gesamtlänge zwischen 500 und 5000 Metern.

Hadesring Kupplungsstück zum Anhängen von Drahtseilleitern. Der Hadesring hat eine nahezu geschlossene C-Form mit gratartig zugeschliffenen Enden. Er kann leicht mit einem anderen »Ring« dieser Art gekuppelt werden, ohne dass er ausklinkt.

Harnisch Meist eine glatte, wie blank polierte Fläche, die entsteht, wenn zwei Gesteinspakete gegeneinander verschoben werden. Oft zeigt die Harnischfläche Striemen. In Höhlen, die an Kluften entstanden, sind nicht selten Teile solcher Harnischflächen erhalten.

Höhlenbildung Hängt vom Gestein, dem Klima und der Lage ab. Auf eine Phase der Raumentstehung folgt eine Zeit der Raumentwicklung, die mit dem Raumverfall endet.

Höhlenlehm Ablagerung von tonigem und erdigem Material. Meist ist der Höhlenlehm bräunlich gelb gefärbt. Zum Teil entsteht er aus Rückständen, die

nach der Auflösung des Kalks übrig bleiben. Der größere Teil wird von der Erdoberfläche eingeschwemmt.

Höhlenmenschen Nur bedingt zutreffende Bezeichnung für steinzeitliche Jäger, die Höhlen als Rastplatz und zu kultischen Handlungen aufsuchten. Dem Neandertaler folgten der Crô-Magnon-Mensch und der Aurignac-Mensch.

Höhlensystem Stark verzweigte, labyrinthartige große Höhle.

Höhlenwind Luftbewegung, vor allem in großen Höhlensystemen. Kühle Luftmassen strömen meist am Boden, warme entlang der Höhlendecke. Luftdruckschwankungen, die durch Wasserzufluss und durch den Wetterablauf bedingt sind, führen überdies zu starker Luftbewegung.

Horizontalhöhle Im Wesentlichen in der Waagrechten entwickelte Höhle.

Hungerbrunnen Karstquelle, die nur in niederschlagsreichen Zeiten Wasser führt; nasse Jahre waren früher oft Hungerjahre.

Kalkstein Ablagerungsgestein, das hauptsächlich aus Kalziumkarbonat ($CaCO_3$) besteht. Es neigt zur Verkarstung.

Kalktuff Unter Mitwirkung von Pflanzen aufgebauter poröser Kalkstein, der primäre Höhlen einschließen kann.

Kalzit Kristallisiertes Kalziumkarbonat ($CaCO_3$), das bei niedriger Temperatur entsteht.

Karbidlampe Im Bergbau als Grubenlampe bezeichnet. Bewährte Leuchte mit Karbid- und Wasserbehälter zur Acetylenentwicklung (C_2H_2).

Karren Auch Schratten genannt. Auflösungsformen, die in verkarstungsfähigem Gestein durch stehendes und ablaufendes Wasser entstehen. Als Kluftkarren entstehen sie durch Lösungserweiterung vorhandener Klüfte. Als Rinnenkarren durch Auflösung einer Gesteinsfläche, meist durch abrinnendes Wasser.

Karrentisch Block, der auf einem Sockel über einer flach gelagerten Kalkfläche liegt. Die Sockelhöhe liefert einen Maßstab für die Abtragung.

Karst Aus dem Eigennamen einer Gebirgslandschaft bei Triest hat sich ein Fachbegriff für eine Auflösungslandschaft vor allem im Kalkstein entwickelt.

Karsterscheinungen Nennt man die vielfältigen Naturerscheinungen, die eine Karstlandschaft kennzeichnen. Dazu gehören: Karren, Dolinen, Poljen, Karstquellen, Wasserschlinger und Karsthöhlen.

Karsthöhle Sekundärhöhle in verkarstungsfähigem, das heißt physikalisch oder chemisch löslichem Gestein. Infrage kommen Kalk ($CaCO_3$), Dolomit ($CaMg(CO_3)_2$), Gips ($CaSO_4 \cdot 2\,H_2O$), Steinsalz (NaCl).

Karstlandschaft Da vor allem die Auflösung des Kalks und die damit zusammenhängenden Formen in dieser Landschaft eine Rolle spielen, könnte man auch von einer Lösungslandschaft sprechen.

Karstquelle Austrittstelle großer unterirdischer Karstgerinne, auch versunkener Flüsse. Die Wasser- und Temperaturschwankungen der Karstquellen sind oft ziemlich groß. Ihr Wasser entspricht nicht immer den hygienischen Forderungen.

Karstsee Ein See, der in wasserreichen Zeiten vorübergehend entsteht, wenn das in eine Karstwanne zufließende Wasser nicht rasch genug von den Wasserschlingern aufgenommen wird.

Katavothre Griechische Bezeichnung für Wasserschlinger. Auch für Meerschlinger wird der Begriff verwendet.

Kleinhöhle Nennt man Gänge mit einer Gesamtlänge unter 50 Metern.

Kluftfugenhöhle Eine Höhlenform, die sich entlang eines Kluftsystems durch Kalkauflösung entwickelt hat.

Kohlensäure Entsteht durch Lösung von Kohlendioxid in Wasser: $CO_2 + H_2O \rightleftarrows H_2CO_3$. Kohlensäure ist eine schwache Säure. Bei der Auflösung von Kalk spielt sie aber die Hauptrolle.

Kolk Auch Kolkloch, Strudelloch oder Strudeltopf nennt man die durch kreisende Bewegung des fließenden Wassers entstandenen tiefen, meist kreisrunden Wannen im Bett des Höhlenbachs. Man muss Erosionskolke, die vor allem durch

die Scheuerwirkung von Sand und Schotter entstanden sind, von Laugungskolken oder Deckenkolken an der Höhlendecke, die auf der chemischen Wirkung des Wassers beruhen, unterscheiden.

Korrosion Auflösung des Gesteins. Gips und Steinsalz lösen sich ohne chemische Reaktion im Wasser. Bei Kalk und Dolomit bewirkt hauptsächlich Kohlensäure die Lösung.

Korrosionshöhle Eine Höhle, bei deren Entstehung die Auflösung die Hauptrolle spielt.

Lavahöhle Primäre Höhle. Entsteht in einem an der Oberfläche erstarrten Lavastrom durch Ausfließen der darunter noch strömenden glutheißen Lava.

Lehmpyramiden Durch Tropfwasser aus dem Höhlenlehm herausmodellierte Türmchen.

Meermühle Wassermühle oder künstliche Kraftwerksanlage, die das Gefälle einer Meerschwinde ausnutzt.

Meerschwinde In Griechenland Katavothre genannt. Wasserschlinger, der Meerwasser aufnimmt und einem tief gelegenen Höhlensystem zuführt, in dem es, mit Süßwasser vermischt, als leichteres Brackwasser aufsteigt und deshalb auf den Zufluss eine Sogwirkung ausübt.

Mischungskorrosion Tritt ein, wenn durch Vermischen von verschieden hartem Wasser freie Kohlensäure auftritt, die den Kalk erneut angreift und bis tief

unterhalb der Erdoberfläche Hohlräume entstehen lässt.

Mittelhöhle Höhle zwischen 50 und 500 Metern Länge.

Naturbrücke Felstor oder Felsbogen, der als Rest einer Höhle übrig geblieben ist.

Primärhöhle Hohlraum, der im Zusammenhang mit der Gesteinsbildung entsteht. Tuffhöhlen und Lavahöhlen sind primär entstanden.

Polje Kommt vom kroatischen Wort für Feld. Poljen sind Kesseltäler, die im Musterfall nach allen Seiten geschlossen sind. Sie können mehrere Kilometer breit sein und mindestens ebenso lang. Nicht selten sind sie von Karstflüssen durchzogen, die auf der einen Seite des Polje entspringen und auf der anderen versinken. Lösungsvorgänge allein reichen nicht aus, um solche Einsenkungs- und Ausräumungsformen von bis zu 400 Quadratkilometern Fläche entstehen zu lassen.

Ponor Nach dem kroatischen Wort für Abgrund, eine Stelle, an der Wasser in den Untergrund verschwindet.

Quelltopf Besonders große, tiefe Karstquelle.

Riesenhöhle Eine Höhle mit einer Gesamtlänge von mehr als 5000 Metern.

Schacht Steil abfallende, weitgehend senkrecht verlaufende Höhle, oder ein entsprechender Höhlenteil.

Schauhöhle Für Besucher ausgebaute und beleuchtete Höhle.

Schlaz So nennt der Höhlengänger seinen Kriech- und Kletteranzug, einen Overall ohne viele Ösen und Haken, Gürtel und Laschen. Was es zu schleppen gibt, kommt in eine Art Rucksack, den man auch als Schleifsack hinter sich herziehen kann.

Schlinger Karstöffnung, die Wasser aufnimmt. Oft der Beginn einer Höhle. Auch als »Schwinde« bezeichnet.

Schluckloch Eine Stelle, an der Wasser in den Untergrund verschwindet

Sekundärhöhle Hohlraum, der nachträglich entstand. Karsthöhlen, Windhöhlen und Brandungshöhlen gehören hierher.

Sinter Aus kalkreichem Wasser abgesetztes Kalziumkarbonat, das verschiedene Formen bilden kann. Von der Höhlendecke aus bilden sich Sinterröhrchen, Stalaktiten, Sinterzapfen und Sinterleisten, Sinterfahnen und Sintervorhänge, Tropfsteine, hängende Zapfen und Röhrchen. Vom Boden aus wachsen Bodentropfsteine, Sinterwälle und Sinterschalen auf. An der Wand können sich Perlsinter und Excentriques bilden. Im Wasserbecken Sinterperlen und Sinterleisten. Neben Kalksinter kommt als Ablagerung heißer Quellen auch Kieselsinter vor.

Siphon Höhlenabschnitt, der bis zur Decke unter Wasser steht.

Speläologie Der Fachausdruck für Höhlenkunde. Kommt vom griechischen Wort für »spelaeon« = Höhle und »logos« = Lehre.

Stalagmit Bodenzapfen. Wächst von unten nach oben. Meist massig mit rundlichen Formen.

Stalaktit Größerer Deckentropfstein. Wächst von der Höhlendecke aus, zunächst als Röhrchen, dem fallenden Wasser folgend, nach unten. Meist schlanker als der Stalagmit.

Trockental Ein Tal in der Karstlandschaft, das zwar durch Wasser entstand, aber heute nur noch ausnahmsweise Wasser führt.

Troglobiont Ein echtes Höhlentier, das an die Höhle mit ihren besonderen Lebensbedingungen gebunden ist. Beispiel: Grottenolm.

Troglophile Ein Höhlen liebendes Tier, das aber nicht ständig an die Höhle gebunden ist. Beispiel: Fledermaus.

Trogloxene Ein Höhlengast, auch Zufallsgast genannt, der nicht regelmäßig in Höhlen vorkommt. Beispiel: Siebenschläfer.

Tropfstein Sinterbildung, durch Kalkabscheidung aus dem Tropfwasser entstanden.

Tropfsteinhöhle Eine Höhle, deren Charakter durch Tropfsteinbildungen bestimmt wird.

Uranin Farbstoff, zur Wasserfärbung, dessen grüngelbe Farbe selbst bei einer Verdünnung von eins zu tausend Milliarden noch nachzuweisen ist.

Uvala Flache Karstwanne mit unebener Sohle und meist auch Ponoren.

Versturz Eine Blockhalde, die durch Verbruch der Höhlendecke entstanden ist und die Höhle mehr oder weniger stark ausfüllt.

Versturzhöhle Sekundäre Höhle unter Felstrümmern.

Verwitterung Zerstörung der Gesteine in den obersten Erdschichten durch mechanische Kräfte wie häufigen Temperaturwechsel, Sprengwirkung durch gefrierendes Wasser, Wind und Wurzeldruck. Ebenso zerstörend wirken chemische Kräfte, vor allem Säuren wie Kohlensäure, aber auch die lösende Kraft des Wassers bewirkt Verwitterung.

Vrulje Kroatisch: untermeerische Karstquelle.

Windhöhle Eine Erosionshöhle, die durch sandbeladenen Wind aus weicherem Gestein herauspräpariert wurde.

Schauhöhlen

DEUTSCHLAND

Segeberger Höhle

Die Bezeichnung Kalkberghöhle führt irre, denn sie liegt im Gips. Die Höhle ist für ihre Höhlentiere und ihre feuchte, saubere Luft, die Linderung bei Atemwegserkrankungen verschafft, bekannt.

Information:
Kalkberg GmbH, Karl-May-Platz,
23795 Bad Segeberg

Iberger Tropfsteinhöhle

Sie liegt im Kalk eines oberdevonischen Atollriffs.
Reiche Sinter, darunter Excentriques.

Information:
Holger Schmidt, Am Roland 4,
37539 Bad Grund

Einhornhöhle, Scharzfeld

Sie gehört historisch zu den interessantesten Höhlen Deutschlands. Die in ihr ausgegrabenen Knochen, »fossiles Einhorn«, waren jahrhundertelang als Medizin begehrt und machten die Höhle früh berühmt. Die meisten Knochen stammen von Bären. Die Höhle ist im Zechdolomit angelegt.

Information:
Harzklub – Zweigverein Scharzfeld e. V.,
Harzstraße 185, 37414 Scharzfeld

Baumannshöhle, Rübeland

Sie liegt in oberdevonischen Riffkalken. Interessant ist auch die Entdeckung großer Vorkommen von Höhlenbärenknochen, die zeigen, dass der obere Teil der Höhle (nahe dem heutigen Ausgang) während der Eiszeit zugänglich gewesen sein muss.

Information:
38889 Rübeland

Hermannshöhle, Rübeland

Sie wurde in oberdevonischen Riffkalken gefunden, war während der Eiszeit zugänglich und von Höhlenbären besucht. Ein Höhlenbärenskelett ist zu bewundern. Die größte Sehenswürdigkeit aber sind die einzigen frei lebenden Grottenolme in Deutschland, die in den 1950er-Jahren in einem Teich der Höhle ausgesetzt wurden.

Information:
38889 Rübeland

Bad Segeberg
(Segeberger Höhle)

Rübeland
(Hermannshöhle,
Baumannshöhle)

Bad Grund
(Iberger Tropfsteinhöhlen)

Iserlohn
(Dechenhöhle)

Ründeroth
(Aggertalhöhle)

Warstein
(Bilsteinhöhle)

Scharzfeld
(Einhornhöhle)

Uftrungen
(Heimkehle)

Hemer
(Heinrichshöhle)

Ennepetal (Kluterthöhle)

Kyffhäuser
(Barbarossahöhle)

Wiehl (Tropfsteinhöhle)

Saalfeld
(Feengrotten)

Iserlohn (Dechenhöhle)

Binden (Reckenhöhle)

Schweina
(Altensteiner Höhle)

Balve (Balver Höhle)

Friedrichsroda
(Marienglashöhle)

Attendorn
(Tropfsteinhöhle)

Syrau
(Drachenhöhle)

Thal
(Tropfsteinhöhle Kittelstal)

Kubach
(Kristallhöhle)

Waischenfeld
(Sophienhöhle)

Eberstadt
(Tropfsteinhöhle)

Pottenstein
(Teufelshöhle)

Neuhaus
(Maximiliansgrotte)

Niedaltdorf
(Tuffhöhle)

Velburg
(König-Otto-Tropfsteinhöhle)

Essing
(Schulerloch)

Lenningen
(Gutenberger- und
Gussmannshöhle)

Gingen (Charlottenhöhle)

Lichtenstein (Olgahöhle)

Sontheim (Sontheimer Höhle)

Sonnenbühl (Nebelhöhle)

Schelklingen (Hoher Fels)

Sonnenbühl (Bären- u. Karlshöhle)

Wimsen (Wimsener Höhle)

München

Laichingen (Tiefenhöhle)

Kolbing (Kolbinger Höhle)

Westerheim
(Schertelshöhle)

Brannenburg
(Wendelsteinhöhle)

Zwiefaltendorf (Tropfsteinhöhle)

Rheinfelden
(Tschamberhöhle)

Marktschellenberg
(Schellenberger Eishöhle)

Hasel
(Erdmannshöhle)

Obermaiselstein
(Sturmannshöhle)

Heimkehle, Uftrungen

Deutschlands größte deutsche Schauhöhle und die einzige, die vollständig im Gips angelegt ist. Sie besitzt die größten natürlichen Räume.

Information:
Höhlenverwaltung, An der Heimkehle, 06548 Uftrungen

Barbarossahöhle, Kyffhäuser

Sie ist die einzige deutsche Schauhöhle im Anhydrit. Anhydrit wandelt sich langsam unter Wasseraufnahme in Gips um und dehnt sich dabei um 26 Prozent aus. Diese Reaktion führt dazu, dass sich überall an der Decke und von den Wänden Lappen abpellen und fetzenartig herunterhängen, als ob der Fels einen Sonnenbrand erlitten hätte.

Information:
Höhlenverwaltung, Mühlen 6, 06567 Rottleben

Bilsteinhöhle, Warstein

In mitteldevonischen Massenkalken. Sie enthält sehenswerten Sinterschmuck.

Information:
Höhlenverwaltung, Am Bodmen, 59581 Warstein

Reckenhöhle, Binden

Sie liegt im ober-/mitteldevonischen Massenkalk. Die Höhle besitzt zwei Ausgänge und zeigt verschiedene Laugungsformen.

Information:
Haus Recke, Binolen 1, 58802 Balve

Balver Höhle

Im Massenkalk des oberen Mitteldevons. Man fand dort einen 4,6 Meter langen Mammutstoßzahn. Mit zirka 50 000 registrierten Artefakten ist die Höhle einer der wichtigsten altsteinzeitlichen Fundplätze Deutschlands.

Information:
Verkehrsverein Balve, Widukindplatz 1, 58802 Balve

Heinrichshöhle, Hemer

Im mitteldevonischen Massenkalk. Zeigt einige Versinterungen. Sie ist vor allem für ihre Höhlenbärenknochen berühmt.

Information:
Kulturamt, Postfach 11 61, 58651 Hemer

Dechenhöhle, Iserlohn

Sie ist eine reich mit Sinter dekoriere Höhle und liegt im mitteldevonischen Massenkalk. Sie ist eine stark mäandrierende ehemalige Flusshöhle.

Information:
Betriebsführung Dechenhöhle, Dechenhöhle 5, 58644 Iserlohn

Kluterthöhle, Ennepetal

5,3 Kilometer lange unterirdische Gänge. Sie ist das beste Beispiel einer Labyrinthhöhle. Liegt in mitteldevonischen Kalken.

Information:
Haus Ennepetal, 58256 Ennepetal-Milspe

Attendorner Tropfsteinhöhle

Sie ist mit 6670 Meter langen Gängen die längste deutsche Schauhöhle und wegen des Tropfsteinschmucks auch eine der schönsten. Sie liegt im Massenkalk des oberen Mitteldevons.

Information:
Attendorner Tropfsteinhöhle, Postfach 130, 57425 Attendorn

Aggertalhöhle, Ründeroth

Sie liegt im Riffkomplex des unteren Mitteldevons. In der gut 600 Meter langen Labyrinthhöhle durchwandern wir auf 400 Metern die verschiedenen Zonen eines Riffs, brandungszerschlagene Korallenblöcke wechseln mit feinkörnigen Ablagerungen der damaligen Lagune.

Information:
Höhlenverwaltung, Im Krümmel,
51766 Engelskirchen

Wiehler Tropfsteinhöhle

Sie liegt im mächtigen Riffkalk des unteren Mitteldevons.

Information:
Stadtverwaltung, 51674 Wiehl

Tropfsteinhöhle Kittelstal

1888 und 1894 zufällig beim Bergbau auf Baryt (Bariumsulfat) entdeckt.

Information:
Fremdenverkehrsamt Thal,
Am Park 19, 99843 Thal

Altensteiner Höhle, Schweina

Ist in den dolomitisierten Riffkalken des Zechsteinmeeres angelegt. Die Strukturen des Riffs sind an den Wänden zu erkennen. Ein Bach durchfließt die Höhle und bildet einen kleinen See. Schon 1802 wurde die Höhle zur Schauhöhle ausgebaut und die gute Akustik zu Konzerten für den Meininger Herzogshof in Altenstein genutzt. Regelmäßig Musik- und Theaterveranstaltungen.

Information:
Uwe Licini, Goetheweg 16,
36448 Schweina

Marienglashöhle, Friedrichroda

Bei der Erschließung von Gipsvorkommen wurde 1784 ein über und über mit Gipskristallen ausgekleideter natürlicher Hohlraum angefahren. Die bis 90 Zentimeter großen, farblosen und durchsichtigen Kristalle, die man zu dünnen Platten spalten kann, wurden bis 1848 für die Verwendung in Kirchen und Klöstern abgebaut. Die Marienglasgrotte ist einmalig in Deutschland.

Information:
Kur- und Tourismus GmbH,
Marktstraße 13, 99894 Friedrichroda

Saalfelder Feengrotten

Bis 1757 wurde unter dem Grubennamen »Jeremias Glück« der bis 30 Meter mächtige silurische Alaunschiefer abgebaut. Die Neigung des an sich tiefschwarzen Schiefers, zu verwittern und verschiedene Salze freizusetzen, macht die Schönheit der Grotten aus: Sie sind mit den verschiedensten Mineralen ausgekleidet, die sich seit Einstellung des Bergbaus bildeten. Ihr Stollensystem dient heute medizinischen Zwecken.

Information:
Höhlenverwaltung,
Fcengrottenweg 2, 07318 Saalfeld

Drachenhöhle, Syrau

Liegt in Knotenschiefern des Oberdevons. Der Führungsweg ist 350 Meter lang und führt 15 Meter in die Tiefe, er zeigt alle Besonderheiten der Höhle: unterschiedlichste Tropfsteinbildung, Lehmkegelreihen, Höhlenseen.

Information:
Gemeindeverwaltung,
Am Höhlenberg 10, 08548 Syrau

Kubacher Kristallhöhle

Vielleicht die ungewöhnlichste deutsche Schauhöhle. In ihr fand man einen 200 Meter langen, bis 23 Meter breiten und 30 Meter hohen Gang. Die Höhle entstand durch Bildung im fast stehenden Grundwasserkörper.
Auf den Wandflächen des Hauptgangs sitzen Kalzitkristalle und Perlsinter.

Information:
Höhlenverein Kubach,
35781 Weilburg-Kubach

Niedaltdorfer Tuffhöhle

Eine Tuffhöhle, die nicht älter als 10 000 Jahre ist. Sehenswerte Verquickung von noch im Tageslicht um Pflanzenreste herum abgeschiedenem Quelltuff und dem später im Dunkeln darüber gewachsenen anorganischen Höhlensinter.

Information:
Höhlenverwaltung,
Neunkircher Straße 10,
66780 Rehlingen-Siersburg

Eberstadter Tropfsteinhöhle

Sie vermittelt ein eindringliches Bild einer Höhle nahe dem Urzustand. Ausgeräumt wurde ein Gang durch rückschreitendes Einschneiden eines unterirdischen Wasserfalls. An den Wänden sind noch Wasserkolke zu sehen. Auch die Vielfältigkeit der Sinter, Stalaktiten, Stalagmiten, Sinterfälle und Excentriques ist beeindruckend.

Information:
Verkehrsamt,
74722 Buchen/Odenwald

Sophienhöhle, Waischenfeld

Sie ist in den massigen Malmstotzen angelegt. Ihre drei Abteilungen sind reich versintert und die letzte Halle ist erstaunlich groß. In ihr fand man Höhlenbären-, Riesenhirsch- und Mammutknochen.

Information:
Wolfgang Huppmann,
Am Dürrgrund 1, 91344 Waischenfeld

Teufelshöhle, Pottenstein

Hat bemerkenswert schöne Sinter, vor allem Kerzenstalagmiten. Auch Funde zahlreicher Reste eiszeitlicher Höhlenbären.

Information:
Verkehrsbüro – Kurverwaltung,
Forchheimer Straße 1,
91278 Pottenstein

Maximiliansgrotte, Neuhaus

Ein weit verzweigtes Höhlensystem, im gebankten Malmdolomit an einer tektonischen Störungszone. Zeigt schräge Laugfacetten und Laugdecken sowie schöne Sinterbildungen.

Information:
E. Lohner, Grottenhof,
91284 Neuhaus/Pegnitz

König-Otto-Tropfsteinhöhle mit Adventhalle, Velburg

Im Malmdolomit. War lange Zeit nur mit Fackeln und Magnesium erleuchtet: Die ursprünglich schönen Sinter verrußten. Umso beeindruckender ist der Kontrast zu der am ersten Advent 1972 entdeckten Adventhalle: saubere, weiße und gelbliche Sinter aller Formen, darunter auch Excentriques.

Information:
Fremdenverkehrsverein, Burgstraße 1,
92355 Velburg

Schulerloch, Essing

Diese Tropfsteinhöhle ist hallenartig im Malm-Korallenkalk angelegt. Ausgrabungen haben unter anderem Höhlenbärenreste und Kulturschichten aus der Altsteinzeit und Bronzezeit zutage gefördert.

Information:
Verwaltung
Tropfsteinhöhle Schulerloch,
Oberau 1, 93343 Essing

Charlottenhöhle, Giengen

Im dolomitischen Mal Zeta angelegt. 532 Meter lange ehemalige Flusshöhle mit klammartigen Profilen. Knochenfunde und ein Bärenschliff lassen die Höhle als eiszeitliches Winterquartier des Höhlenbären erkennen.

Information:
Bürgermeisteramt,
89537 Giengen/Brenz

Laichinger Tiefenhöhle

Deutschlands einzige zu besichtigende Schachthöhle. Sie führt im Malm Delta bis 55 Meter unter die Erde. Die Korrosion hat an den Wänden Fossilien freigelegt. Frei herabfallendes Schachtwasser hinterließ Erosionsformen. Riesige Versturzblöcke, Perlsinter und Tropfsteinkaskaden sind beachtenswert. Im Eingangsgebäude befindet sich ein interessantes Höhlenmuseum.

Information:
Höhlen- und Heimatverein Laichingen, Postfach 13 67, 89150 Laichingen

Sontheimer Höhle

Sie ist im Malm Delta angelegt und besitzt bemerkenswert hohe Kamine. Ausgrabungen wiesen alemannische Bestattungen im hinteren Höhlenteil nach.

Information:
Höhlenverein Sontheim,
Richard Kaupp,
Justinger Weg 7, 72535 Heroldstatt

Hoher Fels, Schelklingen

Die Höhle liegt in einem Stotzen des Malm Epsilons und weist sich als Lagerplatz späteiszeitlicher Menschen aus.

Information:
Herr Bauer, Tel. 0 73 94/21 30,
Herr Haggenmüller, Tel. 0 73 94/5 05,
Herr Weyler, Tel. 0 73 94/23 40

Schertelshöhle, Westerheim

Sinter und schöne Stalagmiten sind beachtenswert.

Information:
Bürgermeisteramt, 72589 Westerheim

Gutenberger Höhle und Gussmannshöhle

Sie liegt im Malm Delta. Funde eines reichen, in die Zwischeneiszeit datierenden Knochenlagers, darunter Affenknochen.

Information:
Ortschaftsverwaltung Gutenberg,
73252 Lenningen-Gutenberg

Olgahöhle, Lichtenstein-Honau

Sie ist mit 170 Metern Länge die größte Tuffhöhle Deutschlands. Vor wenigen tausend Jahren bei der Bildung des Kalktufflagers der Echaz entstanden.

Information:
Schwäbischer Albverein OG Honau,
Ernst Etter, Schlossstraße 8,
72805 Lichtenstein-Honau
oder
Kurt Keppler, Heiligenstraße 10,
72805 Lichtenstein-Honau

Nebelhöhle, Sonnenbühl

Eine im Malm Delta angelegte Höhle. Berühmt für ihre schönen Sinter. Literarischen Ruhm erwarb sich die Nebelhöhle als Schauplatz in dem 1826 erschienenen Roman »Lichtenstein«, in dem Wilhelm Hauff den ritterlichen Ulrich in der Höhle hausen lässt.

Information:
Gemeinde Sonnenbühl, Hauptstraße 2,
72820 Sonnenbühl

Bären- und Karlshöhle, Sonnenbühl

Sie durchfährt eine Karstkuppe im Malm Delta und ist berühmt für die vielen noch am Ort liegenden Bärenknochen und vollständigen Skelette, die beweisen, dass die Bären in der Höhle zu Tode gekommen sind und sie als Winterquartier benutzten.

Information:
Gemeinde Sonnenbühl, Hauptstr. 2,
72820 Sonnenbühl

Wimsener Höhle

Sie liegt im Malm Epsilon und ist ein hervorragendes Beispiel für eine noch aktive phreatische Höhle. Sie hat den einzigartigen Vorteil, dass sie 70 m weit mit dem Boot befahren werden kann.

Information:
Verkehrsamt, 88529 Zwiefalten
und
Gaststätte Friedrichshöhle,
72534 Hayingen-Wimsen

Zwiefaltendorfer Tropfsteinhöhle

Sie ist die kleinste deutsche Schauhöhle und eine Tuffhöhle.

Information:
Familie Blank, Von-Speth-Straße 19,
88499 Zwiefaltendorf

Kolbinger Höhle

Im Massenkalk des Malms Delta/Epsilon.

Information:
Andreas Amann, Hölderlinstraße 12,
78600 Kolbingen

Tschamberhöhle, Rheinfelden

Ein sehenswertes Beispiel einer aktiven Flusshöhle, die im Muschelkalk angelegt ist. 600 Meter weit verfolgt man den Bach bergeinwärts bis zu einem Wasserfall, der in ein sechs mal sechs Meter großes Becken fällt.

Information:
Höhlenwart Manfred Stack,
Wehrstraße 1 a,
79618 Rheinfelden

Erdmannshöhle, Hasel

Sie ist mit 2150 Meter langen Passagen eine der längsten deutschen Schauhöhlen und liegt im Muschelkalk. Die untere Etage wird noch aktiv vom Höhlenbach eingetieft.

Information:
Bürgermeisteramt, 79686 Hasel

Sturmannshöhle, Obermaiselstein

Am Grunde der Höhle quillt das Wasser aus einem von A. Wunsch bis in 19 Meter Tiefe ertauchten zweiten Schacht. Die Höhle ist an einer senkrecht stehenden Schichtfuge des Schrattenkalks aus der unteren Kreide angelegt.

Information:
Verkehrsamt, Am Scheid 18,
87538 Obermaiselstein

Wendelsteinhöhle, Brannenburg

Sie entwickelte sich in den massigen, durch Gebirgsbildung stark zerklüfteten Wettersteinkalken der alpinen Trias. Im Eingangsbereich hält sich Eis bis weit in den Sommer und vor allem im Frühsommer sind bemerkenswert schöne Eisformationen zu besichtigen.

Information:
Wendelsteinbahn GmbH, Kerschelweg 30,
83098 Brannenburg

Schellenberger Eishöhle, Marktschellenberg

Einzige deutsche Schauhöhle mit permanentem Eis und liegt im Dachsteinkalk auf 1570 Metern Höhe.

Information:
Karl Sießmeier,
Verein für Höhlenkunde, Schellenberg,
Dr.-Berkmann-Straße 13,
83487 Marktschellenberg

SCHWEIZ

St. Beatushöhle bei Interlaken, Kanton Bern

Riesige Sinterwände und eigenwillige Tropfsteinformationen.

Information:
St.-Beatus-Höhlen-Genossenschaft,
CH-3800 Sundlauenen

Grotte de Réclère bei Porrentruy, Jura, Kanton Bern

Der große Saal ist eindrucksvoll.

Information:
Hotel-Restaurant »Les Grottes«,
Familie Gigandet, CH-2912 Réclère

Grotte de Vallorbe bei Vallorbe, Jura, Kanton Vaud

Sinterbildungen. Ein Höhlenfluss begleitet den Besucher.

Information:
Verkehrsbüro, CH-1337 Vallorbe

Höllgrotten Baar, Kanton Zug

Kleine Seen, reichhaltige Tropfsteinformationen in unterschiedlichsten Farbnuancen. Reicher Sinterschmuck, Besichtigung ohne Führer möglich.

Information:
Kantonalverwaltung Zug.

Höllochhöhlen im Muotatal, Kanton Schwyz

Mit 170 Kilometern Gesamtlänge ist sie die längste Europas. Unterirdische Schluchten, Riesenräume, »Gletschermühlen«.

Information:
Trekking Team AG, Breitistrasse 1, CH-8335 Hittnau

Kristallhöhle Kobelwald, Kanton St. Gallen

Wunderschöne Kristallbildungen.

Information:
Höhlenwart in Kobelwald

Lac Souterrain in Saint-Léonard bei Sion, Kanton Wallis

Kahnfahrt auf unterirdischem See.

Information:
Patrick Nanchen,
CH-1958 Saint-Léonard

ÖSTERREICH

KÄRNTEN

Griffener Tropfsteinhöhle

Eine kleine, bunte Tropfsteinhöhle mit urgeschichtlichen Funden.

Information:
Verschönerungsverein Markt Griffen,
A-9112 Markt Griffen

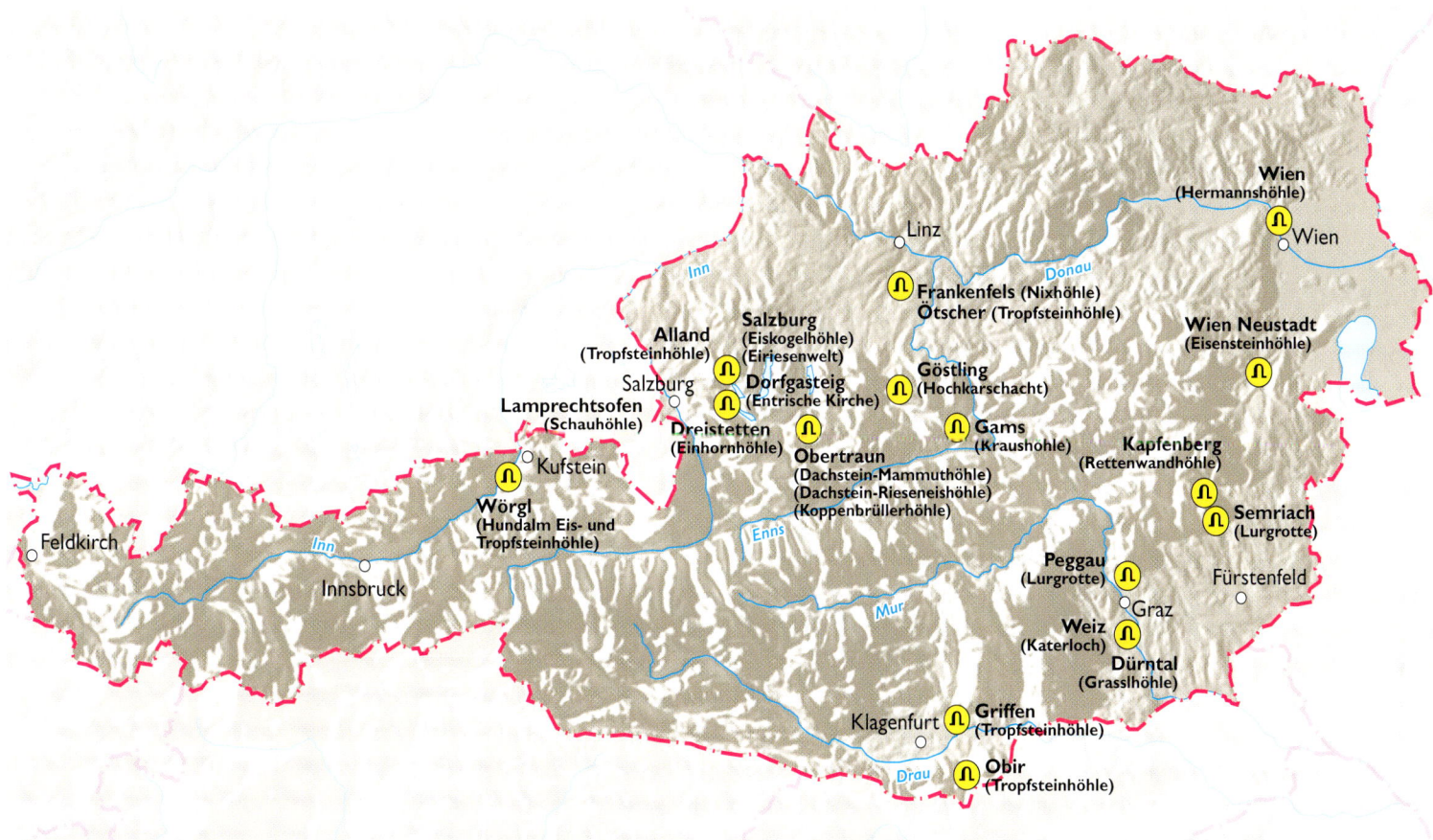

Obir-Tropfsteinhöhlen

Wurde im Bergbau angefahren. Der Zugang erfolgt durch Stollen.

Information:
FVV Eisenkappel, A-9135 Eisenkappel

NIEDERÖSTERREICH

Allander Tropfsteinhöhle

Eine kleinräumige Tropfsteinhöhle.

Information:
Gemeinde Alland, A-2534 Alland

Einhornhöhle

Sie ist eine kleine Tropfsteinhöhle mit eiszeitlichen Tierknochen.

Information:
O. Langer, »Zitherwirt«,
A-2714 Dreistetten

Eisensteinhöhle

Sie ist eine Schachthöhle mit Kristallbildungen und Thermalhöhle (plus 13 Grad Celsius). Abenteuerführungen für Kinder ab 12 Jahren.

Information:
Sektion »Allzeit Getreu« des ÖAV,
A-2700 Wiener Neustadt

Hermannshöhle

Sie ist eine Tropfsteinhöhle mit teilweise hohen Kluftgängen.

Information:
Hermannshöhlen-Forschungs- und Erhaltungsverein,
Zellergasse 50, A-1230 Wien

Hochkarschacht

Großräumige, hochalpine Höhle mit Tropfsteinbildungen und künstlichem Eingang.

Information:
Hochkar-Fremdenverk.Ges.m.b.H. & Co. KG,
A-3345 Göstling/Y.

Nixhöhle

Kluft- und Schichtfugenräume mit Bergmilch- und Tropfsteinbildung.

Information:
Verkehrsverein Frankenfels,
A-3123 Frankenfels

Ötscher Tropfsteinhöhle

Nach schachtartigem Abstieg kommt man in Hallen und Gänge mit Tropfsteinbildung.

Information:
TV »Die Naturfreunde«,
Ortsgruppe Gaming,
E. Oberegger, A-3292 Gaming

OBERÖSTERREICH

Dachstein-Mammuthöhle

Großräumige, hochalpine Höhle mit imposanten Gängen.

Information:
Dachsteinhöhlenverwaltung,
A-4844 Bad Goisern,
Betriebsleitung: A-4831 Obertraun

Dachstein-Rieseneishöhle

Hochalpine Großhöhle mit mächtigen Eisbildungen.

Information:
Verwaltung, Betriebsleitung
A-4831 Obertraun

Koppenbrüllerhöhle

Aktive Wasserhöhle mit einzelnen Tropfsteinbildungen.

Information:
Betriebsleitung, A-4831 Obertraun

SALZBURG

Eisriesenwelt

Hochalpine Riesenhöhle, Eishöhle.

Information:
Eisriesenweltgesellschaft
Getreidegasse 21, A-5020 Salzburg

Entrische Kirche

Teilweise Wasser führende Tropfsteinhöhle.

Information:
R. Erlmooser, Unternberg 32,
A-5632 Dorfgastein

Schauhöhle Lamprechtsofen

Aktive Wasserhöhle mit großer Halle und Versinterungen.

Information:
Sektion Passau DAV, Ludwigstraße 8,
8390 Passau

STEIERMARK

Grasslhöhle

Reich an Tropfsteinen.

Information:
P. Reisinger, A-8160 Dürntal 4

Katerloch

Höhle mit großem Tropfsteinreichtum, Höhlensee.

Information:
H. Hofer, Postfach 80, A-8160 Weiz

Kraushöhle

Tropfsteinhöhle mit Gipskristallbildung.

Information:
A-8922 Gams bei Hieflau

Lurgrotte bei Peggau

Wasser führende Höhle mit schönen Tropfsteinbildungen.

Information:
Lurgrottengesellschaft, A-8120 Peggau

Lurgrotte bei Semriach

Wasser führende Höhle mit Riesenhalle und schönen Tropfsteinen.

Information:
P. Schinnerl, Gleinalmstraße 75, A-8124 Übelbach

Rettenwandhöhle

Tropfsteinhöhle

Information:
Schutzverein Rettenwandhöhle, L. Mali, J.-Böhm-Straße 29, A-8605 Kapfenberg

TIROL

Hundalm Eis- und-Tropfsteinhöhle

Kleine Tropfsteinhöhle mit Eisbildung.

Information:
Landesverein für Höhlenkunde in Tirol, Spitalgasse 9/4, A-6300 Wörgl

So sah Eduard Mörike den Blautopf.
Ölgemälde aus dem frühen 19. Jahrhundert, Maler unbekannt.
Der Blick auf die Felsen ist frei. Heute deckt Wald den Hang.

Dank

Mein Freund und Verleger Otto Wolfgang Bechtle meinte, es sei Zeit für ein Höhlenbuch. Seinem Wunsche konnte und wollte ich mich nicht verschließen, zumal in seinem Wohnzimmer das schönste Gemälde vom Blautopf hängt. Diese große, immer noch geheimnisvollen Quelle spielt auch in diesem Buch eine gebührende Rolle. Ich danke ihm und nicht zuletzt auch seiner Tochter, Frau Christine Bechtle-Kobarg, ganz herzlich für die Anregung und die Bereitschaft, es mit diesem Buch zu wagen.

Mein Dank gilt den Höhlenforschern, die mit ihrer Einsatzbereitschaft und Ausdauer unser Wissen erweitern. Stellvertretend für die jüngere Generation sei der Höhlentaucher Jochen Hasenmayer genannt, den ich wegen seines Mutes, seiner Energie und seines Einfallsreichtums sehr schätze.

Auch den alten Hasen sei gedankt, meinen Freunden Walter Eisele und Ottfried Bänisch, Hans Matz und dem Höhlenforscher Dr. h. c. Hans Binder. Dem Regisseur Sepp Strubel, dem Kameramann Hans Münzhuber, der seinerzeit noch mit schwerem Gerät unsere erste Höhlenfilmserie bewältigte, und dem wagemutigen Produzenten, meinem Freund Wolfgang Mann von der Studio TV-Film, danke ich für ihr Durchhaltevermögen. Mein Gruß gilt den vielen jungen Leuten, die mit mir in der Höhle waren und die längst die nächste Generation mit der Höhlenwelt vertraut machen. Dem Schweizer Höhlenforscher Urs Widmer, unseren Kameraleuten Albert Bajas und Thomas Behrend sowie Gerald Hau von Euronatur, Dr. Klaus Dobat, dem Höhlenbiologen, und nicht zuletzt Jochen Hasenmayer danke ich für ihre Beiträge.

Mag sein, dass die Höhlenforschung auch den Arbeitsstil prägt. So entstehen meine Bücher und Filme längst in Teamarbeit. Petra Enz-Meyer, feste, freie Mitarbeiterin unserer Produktionsfirma hat auch an diesem Buch ganz wesentlich mitgewirkt. Dafür möchte ich ihr herzlich danken. Andrea Kleinschrot und Christa Strehle sei für ihre engagierte Mitarbeit ebenfalls gedankt.

Meine Familie hat mich auf vielen Wegen begleitet, in die engen Klüfte der Cango-Cave und in die Hallen der Bilderhöhlen in der Dordogne, immer schauend und immer mitwirkend: Udda und Rüdiger, Klaus und Elke, Lutz und Veit, Philipp und Frank. Herzlich danke ich meiner lieben Frau Isolde, die bei vielen Unternehmungen aktiv mitwirkte. Auch wenn es beschwerlich wurde, war sie immer noch bereit, zu fotografieren.

Doch kein Buch ohne den Verlag und seine Mitarbeiter, die dem Hin und Her standhalten und ganz wesentlich zum Gelingen beitragen. Mein besonderer Dank dafür geht also an Gerhard Koralus und Wolfgang Heinzel.

Impressum

© 2001 by Bechtle Verlag
Esslingen · München
Alle Rechte vorbehalten
Redaktion: Petra Enz-Meyer
Gestaltung: Wolfgang Heinzel
Satz: Fotosatz Völkl, Puchheim
Reproduktionen:
Tausend Premedia, München
Druck: Jos. C. Huber KG, Dießen
Binden: Frauenberger, Neudörfel
Printed in Germany
ISBN 3-7628-0565-2

Bildnachweis

Bajas, Albert: S. 2, 78, 80, 86/87, 88, 132, 142

Bajas, Eleonore: S. 4 (1), 32, 36

Bauer, E. W.: S. 4 (7), 6, 8, 9, 10, 13, 21, 23, 28/29, 31, 42, 46 unten, 49, 56, 61 Foto, 62, 67, 68, 70, 71, 72 alle, 74, 76, 82, 84 unten, 90, 91, 92, 93, 94, 96, 97, 99, 100, 104, 113, 120, 124 mit H. Fay, 127

Bauer, Isolde: S. 4 (1), 15, 17, 18, 19, 20, 30, 35, 39 unten, 43, 48, 66, 73, 79, 84 oben, 98, 103, 118/119, 122, 126, 128, 129, 137

Bechtle Verlag: S. 159

Behrend, Thomas: S. 102, 107, 114/115, 116, 121

Bracaciu, Dan: S. 81

Dobat, Klaus: Zeichnung S. 61

Fay, Hermann: S. 139

Forster, Dieter: S. 109

Hasenmayer, Jochen: Grafik S. 118/119

Hau, Gerald: S.39 (oben), 40, 41

Heidolph, Theiss: Karten S. 134, 154, 155

Historisches Bild nach Masatsch: S. 106

Krischke, Kurt: Zeichnungen S. 57, 60, 101; Karte S. 96, Skizze S. 131

Kulzer, Dr. Erwin: S. 46 oben

Matz, Hans: S. 77

Matheos, Sokrates: Skizze S. 128

Okapia Bildagentur: S. 47

Poucke, Serge van: S. 54

Rosendahl, Dr. Wilfried: S. 37

Schmidgall, Horst, Grabenstätten: S. 34

Stephan, Thomas/Ulmer Museum: S. 27

Tourism Waikato: S. 55

U. S. Geological Survey: S. 64/65

Widmer, Urs: S. 44/45, 83, 85

Wildlife: S. 51

Württembergisches Landesmuseum, Stuttgart: S. 25

Ausgewählte Höhlenbücher

Altuna, Jesús, Ekain und Altxerri, Sigmaringen 1996

Bauer, Ernst Waldemar / Schönnamsgruber, Helmut (Hrsg.), Das große Buch der Schwäbischen Alb, Stuttgart 1988

Bauer, Ernst Waldemar / Enz-Meyer, Petra, Hinter der Blauen Mauer – Bilder von der Schwäbischen Alb, Stuttgart 1993

Bauer, Ernst Waldemar, Höhlen – Welt ohne Sonne, Esslingen/Wien 1971

Binder, Hans, Höhlen der Schwäbischen Alb, Leinfelden-Echterdingen 1995

Binder, Hans, Höhlenführer Schwäbische Alb, Stuttgart 1977

Bögli, Alfred / Franke, Herbert W., Leuchtende Finsternis, Bern 1965

Bohnert, Jürgen et al., Die längste Höhle der Schwäbischen Alb, Leinfelden-Echterdingen 1998

Chauvet, Jean-Marie, et al., Grotte Chauvet, Sigmaringen 1995

Courbon, Paul et. al., Atlas of the Great Caves of the World, St. Louis 1989

Clottes, Jean / Courtin, Jean, Grotte Cosquer, Sigmaringen 1995

Franke, Herbert W., Geheimnisvolle Höhlenwelt, Stuttgart 1974

Kempe, Stephan (Hrsg.), Höhlen in Deutschland, Bildatlas Spezial, Hamburg 1982

Lascu, Cristian, Piatra Altarului, Cluj, Klausenburg 1996

Lorblanchet, Michel, Höhlenmalerei, Sigmaringen 1997

Rabeder, Gernot / Nagel, Doris / Pacher, Martina, Der Höhlenbär, Sigmaringen 2000

Racovita, Gheorghe, ONAC / Bogdan P., Scarisoara Glacier Cave, Cluj-Napoca 2000

Rosendahl, Wilfried / Krause, Elmar-Björn, Im Reich der Dunkelheit, Gelsenkirchen/Schwelm 1996

Rosendahl, Wilfried et al., Der Höhlenbär in Bayern, München 2000

Schmitt, Gerhard E., Ich war in der Unterwelt, Freiburg 1986

Schmitz, Ralf W. / Thissen, Jürgen, Neandertal: Die Geschichte geht weiter, Heidelberg/Berlin 2000

Trimmel H., Höhlenkunde, Braunschweig 1968

Tuttle, Merlin D., America's Neigborhood Bats, Austin 1988

Wagner, Georg, Rund um Hochifen und Gottesackergebiet, Öhringen 1950

Widmer, Urs F., Lechuguilla, Basel 1991